生活科学テキストシリーズ

衣生活学

佐々井 啓　　大塚美智子
[編著]

米今由希子　　岩崎恵子
佐藤恭子　　　小町谷寿子
太田 茜　　　沢尾 絵
櫻井理恵　　　松梨久仁子
滝澤 愛　　　中村邦子
松島みち子　　花田美和子
[著]

朝倉書店

編著者

佐々井　啓　　日本女子大学名誉教授

大塚　美智子　日本女子大学家政学部教授

執筆者（執筆順）

米今　由希子　日本女子大学家政学部非常勤講師

岩崎　恵子　　日本女子大学家政学部非常勤助手

佐藤　恭子　　岩手県立大学盛岡短期大学部生活科学科講師

小町谷　寿子　名古屋女子大学家政学部教授

太田　茜　　　倉敷市立短期大学服飾美術学科講師

沢尾　絵　　　東京藝術大学美術学部非常勤講師

櫻井　理恵　　修文大学短期大学部生活文化学科教授

松梨　久仁子　日本女子大学家政学部准教授

滝澤　愛　　　椙山女学園大学生活科学部講師

中村　邦子　　大妻女子大学短期大学部家政科講師

松島　みち子　日本女子大学家政学部非常勤講師

花田　美和子　神戸松蔭女子学院大学人間科学部教授

はじめに

　衣服は人間に最も近い環境として，さまざまな社会環境や自然環境の変化に対応してきている．現在，衣生活においては，ファッション情報が世界的な規模で瞬時に伝達されるようになってきており，また，科学的な分野の目覚ましい進歩によって，これまでになかった機能が付与されるようになってきている．このような社会において，衣生活はどのように営まれるべきか，身近な生活の視点からの見直しが必要となっているのではないだろうか．

　そこで本書では，2000年に刊行した『衣生活学』に新たな資料を加え，衣生活を広くとらえることを目的として，文化的・歴史的な視点と科学的な視点から次のようにまとめた．

　1章では，衣服と生活をテーマとして，人間の環境としての衣服や社会，文化とのかかわりを考え，さらに衣服の起源や類型，衣服の役割などをまとめた．2章では，衣生活の変遷を西洋と日本を中心にたどった．とくに人間が衣服を着装するまでの過程である機織り，染色，縫製，洗濯などに加えて，衣服を装うことにどのような感情を表そうとしてきたのか，ということを明らかにしようと試みた．3章では，民族と衣生活について，地理的・社会的環境との関連においてまとめた．さらに，衣服の類型に基づいた分類を行って，現代に残っている民族服をとりあげた．

　4章以降では，少子高齢化が加速し，地球環境問題が深刻化する世界を取り巻く問題にも焦点を当て，生活力の基礎となる内容をとりあげた．4章では，衣服の設計と生産の基礎となる，素材，デザイン，パターンメーキングについて概説した．素材に関しては衣服の企画設計のための基礎知識を総合的に盛り込み，デザイン，パターンメーキングでは，進展するバーチャルフィッティングにも触れた．また工業縫製の実際と縫製上の問題点についてまとめた．5章では衣生活の現状を概観し，乳幼児から高齢者，障害者に至るさまざまな人のライフスタイルにおける衣生活と，それらの衣服設計のありかたについて提案した．さらにライフスタイル別に，ユニフォーム，スポーツウェア，和服，寝具，靴における各種機能について述べた．6章では衣服の取り扱いについて，2016年に施行される繊維製品の洗濯表示，および現在のJIS衣料サイズについて説明した．さらに洗浄の理論と，ドライクリーニングなどの商業洗濯について解説した．最後に収納，廃棄，リサイクル，エシカルファッションの現状と今後を述べた．

　それぞれの分野における若手研究者の方々に執筆をお願いしたが，まだ不十分な部分も多いと思われる．多数の方々のご意見，ご指導を参考にして今後の課題としてゆきたい．

　なお，本書の執筆に関して，多くの文献を引用し，また参考にさせていただいた．巻末に書名を記し，感謝の意をあらわすと共に，本書の企画，編集にあたり，朝倉書店編集部のご協力に心から御礼申しあげたい．

2015年12月

佐々井　　啓
大塚　美智子

目　　次

1. 衣服と生活 ……………………………………………………………………… 1
1.1　人間と環境 …………………………………………〔佐々井　啓〕… 1
　　a. 人間と衣服 …………………………………………………………… 1
　　b. 社会と衣服 …………………………………………………………… 2
　　c. 文化と衣服 …………………………………………………………… 2
1.2　衣服の起源と役割 ……………………………………〔米今由希子〕… 3
　　a. 衣服の起源説 ………………………………………………………… 3
　　b. 衣服の役割 …………………………………………………………… 5
1.3　衣服の類型 …………………………………………〔米今由希子〕… 11
　　a. 懸　衣 ………………………………………………………………… 11
　　b. 寛　衣 ………………………………………………………………… 12
　　c. 窄　衣 ………………………………………………………………… 12

2. 衣生活の変遷 …………………………………………………………………… 14
2.1　西洋の衣生活 ………………………………………………………… 14
　　a. 原始・古代 ……………………………………〔佐々井　啓〕… 14
　　b. 中　世 …………………………………………〔佐々井　啓〕… 17
　　c. 近　世 …………………………………………〔岩崎恵子〕… 20
　　d. 19～20世紀 …………………………………………………………… 25
　　　　1) ヨーロッパ ……………………………………〔佐藤恭子〕… 25
　　　　2) アメリカ …………………………〔小町谷寿子，太田　茜〕… 28
2.2　日本の衣生活 ………………………………………………………… 31
　　a. 原始から奈良時代 ……………………………〔米今由希子〕… 31
　　b. 平安時代 ………………………………………〔米今由希子〕… 33
　　c. 鎌倉・室町時代 ………………………………〔沢尾　絵〕… 35
　　d. 安土・桃山時代 ………………………………〔沢尾　絵〕… 37
　　e. 江戸時代 ………………………………………〔沢尾　絵〕… 38
　　f. 明治・大正時代 ………………………………〔櫻井理恵〕… 41
　　g. 昭和時代 ………………………………………〔櫻井理恵〕… 43

3. 民族と衣生活 …………………………………………〔佐々井　啓〕… 46
3.1　風土と衣生活 ………………………………………………………… 46
　　a. 環境条件と衣服 ……………………………………………………… 46
　　b. 経済・文化条件と衣服 ……………………………………………… 48

3.2 民族と衣服 …………………………………………………………………… 49
　　a. 腰　衣 ………………………………………………………………………… 49
　　b. サリー，キラ ………………………………………………………………… 50
　　c. ポンチョ ……………………………………………………………………… 51
　　d. カフタン ……………………………………………………………………… 53
　　e. ガウン状寛衣 ………………………………………………………………… 53
　　f. チョゴリ，チマ ……………………………………………………………… 54
　　g. チュニック，ズボン ………………………………………………………… 55
　　h. ベール ………………………………………………………………………… 56

4. 衣服の設計と生産 ……………………………………………〔松梨久仁子〕… 57
4.1 衣服の素材 …………………………………………………………………… 57
　　a. 繊維の種類とその特徴 ……………………………………………………… 57
　　b. 糸の種類とその特徴 ………………………………………………………… 61
　　c. 布の種類と衣服素材としての要求性能 …………………………………… 62
　　d. 仕上げ加工 …………………………………………………………………… 67
4.2 衣服のデザインと生産 ……………………………………………………… 68
　　a. 衣服の企画 ……………………………………………〔大塚美智子〕… 68
　　b. 衣服のデザイン ………………………………………〔滝澤　愛〕… 70
　　c. 人体の捉え方と衣服のパターン ……………………〔大塚美智子〕… 74
　　d. 衣服の生産方式 ………………………………………〔松梨久仁子〕… 78

5. ライフスタイルと衣服 ……………………………………………………… 82
5.1 現代の衣生活 …………………………………………〔滝澤　愛〕… 82
　　a. 衣生活の設計 ………………………………………………………………… 82
　　b. ファッション動向 …………………………………………………………… 85
5.2 衣服の着装 ……………………………………………〔中村邦子〕… 87
　　a. ユニフォームとワーキングウェア ………………………………………… 88
　　b. スポーツウェア ……………………………………………………………… 90
　　c. フォーマルウェア …………………………………………………………… 93
　　d. 和　服 ………………………………………………………………………… 95
　　e. 寝具と寝衣 …………………………………………………………………… 98
　　f. 靴 ……………………………………………………………………………… 102
5.3 ライフサイクルからみた衣服設計 …………………〔松島みち子〕… 103
　　a. 乳幼児の衣服設計 …………………………………………………………… 103
　　b. 少年少女の衣服設計 ………………………………………………………… 108
　　c. 成人の衣服設計 ……………………………………………………………… 109
　　d. 高齢者の衣服設計 …………………………………………………………… 111
　　e. 介護のための衣服設計 ……………………………………………………… 112

6. 衣服の取り扱い ……………………………………………………………… 117
6.1 衣服の購入 …………………………………………………………… 117
  a. 繊維製品の品質表示 …………………………………〔松梨久仁子〕… 117
  b. 衣服のサイズ …………………………………………〔大塚美智子〕… 121
6.2 衣服の手入れ ………………………………………〔花田美和子〕… 125
  a. 衣服の汚れ ……………………………………………………………… 125
  b. 洗剤の成分とはたらき ………………………………………………… 125
  c. 家庭洗濯 ………………………………………………………………… 127
  d. 漂白としみ抜き ………………………………………………………… 130
  e. 仕上げ …………………………………………………………………… 133
  f. 商業洗濯 ………………………………………………………………… 134
6.3 衣服の収納・リフォーム・廃棄 …………………………………… 135
  a. 収納法 …………………………………………………〔大塚美智子〕… 135
  b. 衣服の廃棄とリサイクル ……………………………〔松梨久仁子〕… 136

文　　献 ……………………………………………………………………… 141

索　　引 ……………………………………………………………………… 147

1 衣服と生活

1.1 人間と環境

人類の誕生以後の長い歴史において,人間は衣服とさまざまな関わりを持ってきた.人間は生活している自然環境に応じて衣服の素材を手に入れ,それを形にして身体にまとってきた.衣服は人体に快適な環境を提供するだけでなく,時には生命を守る役割を持っている.そして,人間の誕生から老年に至るまでのそれぞれの段階において,衣服は単に人体を守るのではなく,社会的,文化的な環境としての意味を持っているのである.

a. 人間と衣服

人間と動物との違いは,火を使うこと,道具を作り使うこと,衣服を着ることである.人間は寒いときには身体を覆って体温の下がるのを防ぎ,暑いときには身体を露出したり,乾燥から身を守るために全身を覆ったりして体温の上昇を防ぐ.このように衣服は直接身体に快適な環境を作っているのである.人間が生活を営むうえで,衣服という環境は大きな役割を果たしている.

また,衣服は人間の精神的な表現を担っている.たとえば,衣服をつくるために植物を育て,動物を飼って繊維を手に入れ,それを糸に紡いで染め,布に織り,衣服に仕立てるという行為において,それぞれの労働の過程にさまざまな感情を託してきた.1着の衣服に寄せる思いは,それが多くの労力を必要とするからこそ深いものとなる.そして,そのような衣服に対する思いは,自己の感情やそれを着る人への思いとなっていく.さらに,衣服に託す感情は,あるときは美的な表現となり,またあるときは思想的な表現となる.人間はこのように衣服との複雑な関わりのなかで生活してきたといえよう.

また,住居と衣服とは環境という点から密接に関わってきた.人間が衣服に要求してきた環境は,住居によっていっそう充実したものとなる.原始時代の不完全な住居にあっては衣服の果たす役割が大きかったが,近年の住環境の進化は衣服の役割を大きく変化させてきた.極北の地から熱帯,砂漠の地まで,ひとたび住居に入れば快適な環境が提供されることも多くなり,衣服は画一的になり,地域独自の衣服が失われていく傾向がみられる.しかし,長い時間をかけて地域にねざしてきた衣服は,自然環境との共存という点から重要なものであり,決して失いたくないものであろう.

また,住居は生活の場であるのに対して,衣服は生活の道具である.すな

わち，住居の中で，あるいは外で衣服は着られ，常に人間とともに活動し，さまざまな感情を表現している．しかし，集合住宅のような同一の住居であってもそこに住む人々の住まい方は異なっているし，既製服のような大量生産された衣服であっても，その着こなしは異なっている．このように，住まい方や着こなしといった面は，人間の生活におけるさまざまな感情を表しているといえよう．

b. 社会と衣服

　人間は集団として社会を作って生活している．小さな集団であってもそこには社会のルールが存在する．すなわち，衣服を着用する個人の意志が社会の意志にかなっているかどうか，という判断が加わってくる．かつては制度としての衣服があり，身分，階級，職業などを表していたし，慣習としてさまざまな着装の取り決めがあった．これらは今日でも存在しているものであり，衣服は社会的環境に大きくかかわっているといえよう．人間はあるときはそのような社会的環境に従い，またあるときは反抗や抵抗を示す．ある意味で社会的環境は社会の精神を表しているのである．

　また，自由で個性的な自己の表現である衣服の着装が，時には大きな影響力を持った社会現象である流行を生み出す．流行は，本来個人の表現であるが，優れた美意識や個性的な表現力のある着装が他者に認められ，さらに多くの人々によって支持されて広まったものである．これは，制度や慣習とは異なる衣服と社会との関わりである．そこには，個人-他者-集団という関係が存在し，個人と少数の他者によって表現された服飾は，それに共鳴し，追随する集団に着装されることによってはじめて成立する．今日では，流行を仕掛ける人も存在し，多くの場合，ファッションデザイナーや服飾産業が参画している．このように流行現象は，社会が個性を認め，それを育てながら，ついには画一的な集団としてしまうという皮肉な一面を持っていることになる．

c. 文化と衣服

　人間は社会のなかでさまざまな文化を形成してきた．それは地域，時代，民族などによって複雑な表現をみせている．とりわけ衣服は，文化的表現の担い手として大きな役割を果たしてきた．たとえば，今日にも伝わっている民族服は，ある地域に住んでいるある民族が，ある時代から継承してきた衣服である．その地域で手に入る衣服材料を用いて，その地域の気候にあった形を生み出し，さらに他の民族と区別するためのさまざまな標識や，独自の美的表現による色の使い方や文様の表し方などに彼らの文化を知ることができる．

　一方，衣服の形は地域や民族を越えて現れてくることがある．身体の形を土台として発展したり，身体を無視したり，誇張したりする現象は，多くの

共通点を指摘できる．あくまでも人間が着装し，活動するための衣服であるが，時には身分，階級の誇示や美意識，さらには反抗の意識のために身体を拘束したり，活動を制限したりすることもある．それは，身体は拘束されても，衣服が精神的な自由を得るための手段であることを示しているといえよう．

色彩の表現についても同様である．人々はそれぞれの文化に好まれた色を用いているのであり，その色に対する人々の感情を探ってみなければ安易に批評することはできない．色名についても同様であって，日本では桜色，葡萄色，鶯色など四季の草花や果実，身近な動物などの名をとるが，同じ色でも呼び名が異なるときには，それぞれの文化の違いをみることができるのではないだろうか．

文様においては，他の工芸品との共通性を指摘することができる．また，衣服の表現に固有の織文様や染文様のほかに，刺繍，アップリケ，手描きなどのさまざまな技法との関わりも文化的な特質を示しているのである．

このように，衣服はあらゆる面から文化を表しているといえ，衣服を通してそれぞれの人々の文化や美意識を明らかにしていくことが大切である．

〔佐々井　啓〕

1.2　衣服の起源と役割

a.　衣服の起源説

衣服の起源についてはいくつもの説が唱えられているが，それらは大別すると身体防護要因によるもの，社会的要因によるもの，美的要因によるものの3種に分類して考えることができる．

まず，身体防護要因によるものとしては，身体保護説，気候適応説があげられる．身体保護説は，最も一般的に考えられている説の一つであるといえ，外傷から身体を守るために保護したい部分を覆い隠したことから衣服が起こったとする説である．類人猿からヒトへと進化する際に体表面を覆っていた体毛を失い，それに代わる身体を保護するものとして衣服を用いるようになったと根拠を挙げることもある．食べ物を採取し，獣を狩猟し，他の部族と戦うといった原始の人々の生活を考えれば，まず初めに身体を防御する必要があったと考えられるであろう．

次に気候適応説は，暑さ寒さの中でも生きてゆくために衣服を着るようになったとする説である．一般には氷河期の寒さに対応するためにヒトは暖かい洞窟の中に住み始め，火を使用するようになり，獣皮を衣服として身にまとうようになったといわれている．しかし寒冷地でも裸体に近い状態で生活していた種族もあり，また日中と夜間の寒暖の差が激しい気候の地で，夜間の寒冷時であっても日中と同様の格好で寒さに対応せずに暮らしている種族もある．このことから寒さを防ぐ目的だけをとりあげると，気候適応のみが

衣服の起源であるとは考えにくい．また，寒さから身を守るという意味では，気候適応も身体保護の一つであると考えられ，身体保護説も気候適応説も外界から身体を保護するという同一の起源であると考えることができる．

次に社会的要因によるものを挙げると，羞恥説，呪術説，象徴説などがある．羞恥説とは人間は根源的に本能として羞恥を感じるととらえ，羞恥心から裸体を覆い隠そうとして衣服が生まれたとする説である．旧約聖書の『創世記』に記されている，アダムとイヴが食することを禁じられていた禁断の果実を食べたことによって無垢が失われ羞恥を感じるようになり，イチジクの葉をつづり合わせて局部を隠し衣服としたというくだりが論拠としてあげられている．しかし，種族によっては裸体であったり，体を覆う部分が違ったりすること，さらに古代ギリシャのように美しい肉体に対して美的価値を見出す文化もあることなどから，そもそも衣服の着用の習慣が無い種族にとっては裸体であることに羞恥を感じるとは考えにくい．このため羞恥心は社会的な習慣や文化によって生じるものであるとして，今日ではこの羞恥説には否定的な意見が多い．

呪術説とは，狩猟や採取の成功を祈る呪術の道具としてや，狩猟中の無事を祈る護符として，紐や布を身につけたことから派生して衣服が生まれたとする説である．旧石器時代の壁画にみられる狩猟の様子や動物たちは，呪術的な目的で描かれたと考えられており，狩猟の成果は生死に関わる切実な願いであった．また何らかの儀式や舞踏の様子を描いたものも多く，これらも呪術的なものであったと考えられる．このような呪術的な動機から何かを身につけるようになり，これが衣服の起源となったとする考えである．呪術が何かを身につけるきっかけとなったとは考えられるが，むしろ衣服の中の特別なものが呪術的な意味を持つ衣服として発達したとも考えられるため，これだけを衣服の起源とは考えにくい．

象徴説とは何かを象徴するシンボルとして動物の骨や鳥の羽などを身につけたことから衣服が誕生したとする説である．現在でも部族を識別するために，それぞれに部族を表す異なる装飾品や身体装飾を身につける習慣が残っているが，原始の人々も同じように部族を象徴する装飾を身につけていたと考えられ，トーテム説とも称される．さらに同じ部族の中でも，地位，身分，力量など象徴するものを身につけることによって，他者に優位を示すことが行われていたと考えられる．部族の長を示す装身具であったり，立派な獲物を捕らえた際にはその毛皮や牙などをトロフィーとして身につけ強さの象徴としたりする例が挙げられる．しかし，この象徴説も何かを身につけるきっかけとなったとはいえるが，衣服の起源とするより人類の文化的発達の過程で得たものであると考えられるのではないだろうか．

最後に美的要因によるものとして，装飾説，もしくは審美説などと称されている説があげられる．これらは人間の美的感情の表現として身体を装飾しようとする本能的な欲求から衣服が生まれたとするものである．根拠として

は原始の人々に初期の段階から裸体に彩色を施したり，文身を入れたりして身体を装飾することがみられることがあげられている．また多くの種族で貝殻・骨・牙・鳥の羽などから作った装身具で，頭，首，腕，足首等を飾っていることもあげられており，現在でもカラフルな装身具の数々を目にすることができる．

その他にも，旧石器時代の壁画に描かれている人物像から，帯状の紐が衣服の起源であるとする紐衣説（ちゅうい）というものもある．壁画の男子立像の胴部には2本の帯状の線が描かれており，狩猟用の武器を携帯する目的や食物を採取するための道具であったと考えられている．この帯状の紐を紐衣と称しているが，紐衣から衣服が派生したとしている．

以上のように衣服の起源についてはいくつもの説が唱えられているが，それらの一つだけを起源とするのではなく，複数の要因が複合的に作用して衣服が派生したと考えるべきであろう．たとえばエスキモーの衣服は寒さから身を守るために生まれたと考えられるが，その表面には色皮の房や金属，骨格などを用いて多彩な装飾が施されており，そこには身体保護の目的だけでなく装飾的要因も存在すると考えられる．また，呪術を目的とした装飾品であっても，それは多分に美的な感情を含んで身につけられていると考えられ，また部族を象徴する装飾であっても同様である．このように衣服の起源について考えるうえではいくつかの要因を複合的にとらえることが必要である．

b． 衣服の役割

人間はどのような役割を衣服に求めているだろうか．さまざまな役割が考えられるが，それらは物理的役割，社会的役割，美的役割の3種に分類することができる．

物理的役割とは，主に人間の生活活動を物理的に助ける役割のことであり，身体保護や気候調節の役割や，作業動作を補助し能率を向上させる役割，作業動作を妨げず休養，病気療養を補助する役割などをあげることができる．

社会的役割とは，人間の社会生活を助ける役割のことを総括し，社会的慣習にならう，儀礼的な態度を示すなどの役割の他，身分や家系，職業や所属する集団，民族や宗教，思想などを表す役割も含まれる．また，流行に従う態度を示すこともできる．

美的役割とは人間の精神的な生活において美的な要求を満たす役割のことを指し，個性や美意識を表現したり，舞台衣装や仮装などで他者を演じたりする役割である．流行に従ったり，流行を作り出したりする働きも美意識の表現であるといえ，美的役割にも含めることができるであろう．これらの分類に沿ってそれぞれの役割について考えたい．

1）物理的役割

①身体の保護

外界からのさまざまな刺激から身体を保護する役割であり，衣服の起源の

一因とも考えられる役割である．原始の人々が食べ物を得ようと探索する際に，衣服は風雨を防ぎ外傷や害虫から身を守る重要な役割を担っていたと考えられる．現在でも，外傷や害虫，日光，熱などから身体を守る役割は重要である．また，身体を清潔に保つ役割もあり，これは外界からの汚れから守るだけでなく，主として体からの汗や皮脂などといった内側からの汚れを吸着することによって，体を清潔に保つことが期待される役割である．さらに，寒さから身を守るという寒暖調節の役割もあげられる．寒くなれば体表面を覆う部分を多くし，さらに重ね着をすることで温かさを得ることができる．どのような素材を用いてどのように着装すれば快適な衣環境を得ることができるのかは，さまざまな角度から研究が続けられている．

②動作機能の補助

衣服によって生活活動や運動動作の機能性を向上させることができ，これらの役割を動作機能を補助する役割ととらえることができる．また，休養や療養も生活活動の一部と考えれば，くつろぎやすく快適に過ごせる動作性を補助しているといえるだろう．人体各部の形状と動きは細かく分析され，快適な動作性を保持できるよう衣服設計に取り入れられている．また，日常生活だけでなく種々の作業において用いられている作業着は，安全を確保しそれぞれの作業動作を補助するような役割を果たしている．防火服，宇宙服（図1.1），潜水服などの特殊服は，特別な条件のもとに生命の安全性を確保し，物理的な機能性を追求したものとしてあげられるであろう．また，スポーツ服はそれぞれの競技に特化した条件で動作機能を補助する役割を果たしており，素材の開発から設計に至るまで研究開発が盛んになされている．

2）社会的役割

①社会的慣習にならう

衣服が社会的慣習によって着装される場合，着装者は慣習にならうという態度を衣服によって表明することになり，衣服は慣習にならいその場に適応する役割を果たしている．今日では世界的に洋服を着用することが多いが，

図1.1 宇宙服

図1.2 束帯（藤原高光像）

東南アジアや中近東，アフリカ諸国では伝統的な服装を習慣的に用いている民族もみられる．慣習はその土地の文化や伝統，民族の特質など社会的背景に大きく左右されるため，慣習を理解するためにはその社会的背景を理解する必要がある．

慣習の中でも特に儀礼的な服装は，慣習にならう態度だけでなく儀礼的な態度を表すものとして特別な役割を担っている．喪服はその典型的な例であるが，現代でも身近な例として，結婚式，卒業式などの儀礼や，七五三，成人式などの通過儀礼の際には，それぞれにふさわしい儀礼的な衣服を身につけていることが思い浮かぶであろう．喪の服装は時代や民族によって用いられる服装や色に違いがみられる．古代ローマのトガは暗色か黒が喪の色であったが，中世フランスでも国王の死を悼む色として黒が用いられ，その後のヨーロッパ諸国では黒が広く喪の色として用いられている．日本では，古代は白が喪の色であったが，平安時代には暗灰色が鈍色(にびいろ)と呼ばれ喪服に用いられていた．その後の武家系服飾では喪服として白装束が用いられ，さらに江戸時代には町人が黒無地紋付の小袖を喪服として用い，今日まで受け継がれている．

②身分，家系を示す

制度として身分によって着用する衣服が定められた場合，その衣服は身分を示す役割を担っている．我が国の服制としては，603年に冠位十二階によって，冠の色を12の階級ごとに定めたものが最初である．718年には養老の衣服令によって，身分ごとに用いられる素材や色が決められた礼服・朝服・制服が定められるなど，飛鳥時代から奈良時代にかけては衣服令がいくつも出されている．平安時代になると男子の束帯の色や素材が身分によって定められ，色は四位以上は黒，五位は蘇芳(すおう)，六位は縹(はなだ)，さらに天皇は黄櫨染(こうろぜん)，皇太子は黄丹(おうに)と区別されていた（図1.2）．

ヨーロッパの例としては，古代ローマで着用されていたトガが身分を示す服としてあげられる．トガは市民権のある男子にのみ着用が許されており，さらに一般市民は漂白や染色をしない羊毛，将軍や皇帝は緋紫に染められ金糸の刺繍が施されたもの，貴族の未成年者は白地に緋紫の縁飾りがあるものというように，素材・色・模様などが定められていた．

制度として定められたものではないが，家紋や紋章が衣服に付けられたとき，その衣服は家系を示す働きを持つ．家紋は平安時代から公家の服飾に用いられていた有職文(ゆうそくもん)がしだいに丸文，菱文などに構成されたと考えられている．家ごとに代々同じ文様を使用することによって家系を示すことになり，天皇家の十六八重菊，徳川家の三葉葵などはよく知られている．ヨーロッパでは中世より紋章によって家系を示しており，婚姻によって両家の文様を分割して表すなどの一定の規則によって成り立っている（図1.3）．衣服だけでなく調度品などにも広く用いられ，イギリス王家のライオンの紋章やフランス王家の百合の紋章はよく知られている．

図 1.3 家紋と紋章

③所属する集団を示す

　所属する集団を示す衣服として制服があげられる．また，その衣服がある特定の職業に限定される場合，制服は職業を示す役割も果たすこととなる．

　たとえば，警察官，郵便配達人，パイロット，軍人などはその制服からすぐに職業が判別できる．これは一般の人々の中で見分けがつきやすいという働きも担っている．また，宗教服の場合は現在でも僧侶，神官，司祭服など，それぞれ仏教，神道，キリスト教といったそれぞれの宗教の思想を表現しながら，その職業も示している．

　女性の職業の中で最も早く制服を採用したのは看護婦であり，1868年にイギリスにおいて，ナイチンゲールが開いた看護学校で白のワンピースを着用したことが始まりといわれている．日本でも明治中期に白い長袖のワンピースと白い帽子が看護婦の制服として採用されており，いち早く洋服が制服として取り入れられていたことがわかる．

　特定の職業を示す制服ではなくても，企業や職種ごとに制服は広く用いられている．この場合，着用者の集団への所属意識を高めるだけでなく，制服を目にした人々の企業イメージやサービスに対する印象を高めることも意図されることが多い．

　学校教育の中での制服は，所属する集団を示すだけではなく，学生としての自覚や誇りを高めること，集団への所属意識を高めることも役割としてあげられる．また，経済的な理由や指導上の利点もあげられるであろう．さらに，明治時代の女学生の女袴姿は女子教育の象徴としてもとらえられ，この場合は単に女学生としての立場を示すだけではなく，女性の生き方や価値観をも示す役割を果たしていたと考えられる．

④民族，宗教，思想を示す

　世界各地で現在でも民族服は着用されているが，たとえばインドのサリー，韓国のチマ・チョゴリ，日本の和服などは広く知られており，それぞれの風土や文化を背景に伝統的に着用されているものである．日常的に着用されている民族服もあるが，国際交流や外交の場において着用される場合，特に民族的な立場や意識を示す役割も果たしている．

　宗教を示す例としては，イスラム教の女性の用いるベールがあげられる．宗教に対する態度を表し，信仰の意識を高める働きもあると考えられる．民族の違いはあっても同一の宗教を信仰する場合，衣服に対する意識を共有しているといえる．

　衣服が思想を示す例としては，1789年のフランス革命の服装があげられる．旧貴族を中心とする王党派は18世紀の宮廷服を着用しており，それは後裾の長い上衣のアビと膝丈の半ズボンのキュロットであった．それに対し，革命派の市民は短いジャケットと長ズボンであるパンタロンを着用し，「キュロットを穿かない」という意のサン・キュロットと称した．また，フリジア帽と呼ばれる赤い三角帽子も自由の象徴として着用され，衣服が革命の思想を強く示すものとして用いられていたのである．

⑤流行を示す

　衣服は流行を作り出し，また流行に従う態度を示すこともできる．さらには流行によって自由に装えるはずの衣服をも支配してしまうこともある．流行は，美的な欲求によって新しい服飾の美が発見されることから始まり，多くの人々に支持されることで成立する．そして広く行き渡ると次の流行に取って代わられるのである．流行は個人の美的な欲求と自由な意思によって作り出されるものでありながら，社会全体の服飾の好みを作り上げていく社会的な現象であり，衣服の社会的な役割の一つであるといえる．

3) 美的役割

①個性や美意識を表現する

　人々は多くの場合，衣服を着用する際には美的役割をも求めて着用しているのではないだろうか．形態，色彩，文様，素材などを選択する際にも，個人の好みや趣向によって左右されるのであれば，すでにそこには個性や美意識が現されており，衣服は美的役割を担っているといえる．

　ある特定の個人の美意識が多くの人々に受け入れられ，模倣されるようになると流行となる．19世紀初頭のイギリスでは，ジョージ・ブライアン・ブランメルを中心とする青年たちからダンディがおこり，男子服の好みとして今日でも受け継がれるほどの美意識として確立している．ブランメルはこだわりぬいた服装と洗練された態度によってダンディを表現していったが，そこには単に表面的な装いだけではなく，社会に対する反抗の精神を持った冷徹な態度といった精神的な内容も含むものであり，ブランメルは衣服によってそれを表現しようとしていたといえる．

10　1. 衣服と生活

　日本における例としては，江戸時代の歌舞伎由来の流行があげられる．色彩では二世瀬川菊之丞（俳名：路考）が路考茶を流行させたほか，文様では菊五郎格子（尾上菊五郎），市松文（佐野川市松），芝翫縞（中村芝翫）など，多くは自分の名前を冠して流行させた（図1.4）.

　また個性の表現ではなく，民族や時代の美意識を表現するものも多い．16世紀ヨーロッパではスペインモード（図1.5）が流行した．大きな襞襟と円錐形のアンダースカートを用いたローブに代表されるような，重厚で構築的な印象をもつモードであり，スペインで成立したスタイルが時代の美意識の表現として定着した例といえる．日本における例としては，江戸時代後期の「いき」の流行が挙げられる（図1.6）．藍色，茶色，ねずみ色などの地味な色と，縞などの単純な模様が好まれたが，「いき」も単に表面的な装いだけで成立するのではなく，精神的な「いき」のこだわりが存在しなければないのである．「いき」は時代の美意識として成立しただけでなく，日本の美意識の一つとして確立しているといえ，下町の風俗や意識の中に現在でも受け継がれているものである．

　また，舞台衣装や仮装舞踏会の際の衣装は，他者を表現する役割を担っており，これも衣服の美的役割であるといえる．日常生活ではない舞台や舞踏

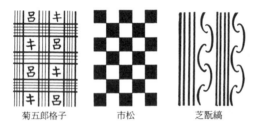

菊五郎格子　　　市松　　　芝翫縞

図1.4　歌舞伎の文様

図1.5　スペインモード（1584年）

図1.6　いき（喜多川歌麿「茶碗と簪」）

会といった場において，新たな美を創造し表現することができ，そこから流行が生まれることも考えられる．

このように衣服にはさまざまな役割があり，一つの衣服には一つの役割だけでなく，いくつもの役割が複合して存在するといえよう．物理的役割のみを追求しているように思えても，そこには何らかの美的役割が含まれているものであり，社会的な役割をも担っているかも知れず，広い観点から考えることが必要である．

1.3 衣服の類型

原始から現在まで衣服は多くの複雑な形態を生み出し，多様な表現性を見せてきた．それらは形態の特徴から分類することができ，表1.1に示すように，いくつかの分類が試みられているが，およそ3類型に分類することができる．

表 1.1 服飾の類型

谷田閲次	小川安朗	C. H. Stratz	Hans Mützel	A. L. Kroeber
1) 懸衣	腰紐型 Ligature type	Primitive 原始型	南方型 熱帯の腰衣から Drapery まで	Greco-roman 風の非裁縫衣
	垂れ布型 Drapery type	Tropical 熱帯型 南方型 Arab 型 (Gravitational)		
	貫頭型 Poncho type		西方型 新大陸の Poncho 型	
2) 寛衣	前開型 Kaftan type		東方型 Kaftan 型	Oriental 風の裁縫寛衣
3) 窄衣	体形型 Tunic type	Arctic 寒帯型 北方型 Eskimo 型 (Anatomic)	北方型 寒地のシャツ型 チュニック型	European 風の裁縫密着衣 （ジャケットとズボン，ブラウスとスカート）

a. 懸衣

懸衣は1枚の布を体に巻き付けるように着装する形態をいう．古代エジプトの男子の腰衣のシャンティや，古代ギリシアのキトン（図1.7）やヒマティオン，古代ローマのトガなどが代表的な例であり，古くからみられる形態である．インドのサリーやブータンのキラなどは，現代でも着用されている懸衣の例といえる．1枚の布が着装されることによって繊細で優雅なドレープや，重厚で威厳的なドレープなど，さまざまな表現を生み出しており，単純な形態であっても現れてくる表現性は多様であることがわかる．

また，中南米のポンチョにみられるような貫頭衣は，西方ポンチョ型として懸衣型と区別する説もあるが，広げると1枚の布であるという形態上の特

12   1. 衣服と生活

図1.7 キトン
「アテナ像」前460年頃.

図1.8 ダルマティカ
「ユスティニアヌス帝と従者たち」（部分）547年.

徴から懸衣に分類することができるであろう．貫頭衣は布の中央に開けた穴から頭を通し，体の前後に布を垂らすように着装する．2枚の布を縫い合わせる際に，ポンチョのように頭を通す部分だけ縫い残したり，ケチケミトルのように縫い合わせる場所を工夫したりすることによって，貫頭衣として着用しているものも含まれる．

b. 寛衣

　寛衣はゆったりとした全身衣をいい，東洋に広く分布することから東洋型，カフタン型，前開型などとも称されている．東ローマ帝国で用いられていたダルマティカ，トルコを中心とした中央アジアで用いられたカフタン，日本の小袖や平安時代の袿，ブータンの男子服であるゴなどがその代表的なものである．

　ダルマティカ（図1.8）は貫頭衣の両脇を縫い合わせたような形状で，広い袖とゆったりとした丈長の身頃からなり，表面にクラヴィと呼ばれる条飾や円形，方形のはめこみ装飾が施されるものもあった．カフタンは，広い袖の付いた前開きの衣服であり，帯を用いずにガウンのように着装する．東アジアの袿，小袖，ゴなどに連なる衣服であり，これらはカフタンと同様の前開きの衣服であるが，前を打ち合わせて帯や紐で締めて着装したものである．

　ダルマティカのはめ込み装飾や，小袖の衣裳にみられるように，懸衣の表現性の特徴として，そのゆったりとした平面的な形状を利用した装飾があげられ，独自の染織文様の発展を促している．直線的な裁断・縫製による平面構成の衣服であることが理由としてあげられるであろう．

c. 窄衣

　窄衣とは体に緊密に縫製された衣服であり，チュニック型ともいわれてい

図1.9 トゥニカとマント
「バイユー・タピストリー」1080年頃.

図1.10 ローブとアビ
「マルティノー・ド・フルリオー家の人々」
1785年.

る.体に沿う形態であることから体形型,裁縫密着衣ともいわれ,寒さに対応する形態であることから北方型と呼ばれることもあるが,いずれの説でも古代ローマ後期に現れたトゥニカから連なる立体構成の衣服を分類している.

トゥニカは細い袖の付いたワンピース状の全身衣で,男女ともに着用していた.やがて中世の騎士の服装として,トゥニカとマント,靴下状のホーズの組み合わせが定着する(図1.9).

全身衣であるチュニック型に対し,細い袖がつく短い丈の上衣と,ズボン状またはスカート状の下衣を組み合わせて着装する形式を上下衣と呼んでいる.ヨーロッパ近世の衣服はほとんどこの形式であり,今日の洋服まで受け継がれているものである.男子服の場合には,17世紀の終わり頃に上着,ヴェスト,シャツ,半ズボン状のキュロットという組み合わせが成立し,19世紀にはキュロットが長ズボンに代わって今日のスタイルが確立した.女子服の場合にはチュニック型の衣服が多く用いられており,細いウエストと大きなスカートを持ったワンピース型のローブは時代とともにシルエットを変えて着用されている(図1.10).19世紀の終わり頃にはジャケットとスカートの組み合わせも現れ,今日に至っている.

日本では古墳時代の埴輪に筒袖の上衣がみられ,男子は膝下を紐で縛った袴,女子はスカート状の裳を着用している.これは中国大陸の北方民族と類似した衣服形態であると指摘されている.

窄衣は実用的な要素が強いと考えられるが,時代とともに,体の一部を誇張したり極端に締め付けたりすることによってさまざまなシルエットを生み出してきており,実用性に美的表現が加わったと考えられる.また,それらは人間の体を基にした立体的な表現性が特徴であるといえる.

〔米今由希子〕

2 衣生活の変遷

2.1 西洋の衣生活

　人間が動物と区別される大きな要因の一つに衣生活を営むことが指摘されている．衣生活とは，人間がはじめに衣服素材を手に入れ，それを布にしてさまざまな衣服形態を作り，それを身につけ，管理することである．衣生活は気候風土などの自然環境に大きく影響されている．そこで，衣服に関するさまざまな技術の変遷と，そこに織り込まれた人間の意識を探ることによって，各時代の衣生活を明らかにしてみよう．

a. 原始・古代
1) 原始時代
　旧石器時代には，骨や歯で作られた針，石のナイフなどが使われていた．おそらく，動物の毛皮を裁断し，針で穴を開けて紐で結び合わせたのであろう．また，骨や石で作られた腕輪や首飾りも出土している．その後の時代には穴の開いた針が出土し，針に糸状の紐を通して縫い合わせたと考えられる．

　中石器時代のレバントの壁画（前8000～前3000年）には戦闘，狩猟，舞踊，日常生活の各場面が描かれている男性はズボン状の下衣やケープ，腕輪，足輪などがみられる．女性はスカート状のものと腕輪をつけている．

　新石器時代には衣服材料として亜麻や羊毛が用いられ，機織りもなされていた．最も古い織機は前5000年頃にみられる．はじめは糸状のものを編むムシロ編であったが，やがて経糸と緯糸を用いた機織りが考え出された．タッシリ・ナジェールの壁画（前4000～前1500年）には，腰布をつけた男性の姿が描かれ，瘢痕や塗彩などの身体装飾もみられる．

2) メソポタミア
　前3000年頃のシュメールの彫像にみられるように，獣皮や獣毛を衣服に用いていた．カウナケスという腰衣は，毛房のついた獣皮や，それを真似た羊毛の房つきの織物であろう．男性は下半身を覆い，女性は腰を巻いた残りの布を肩から掛けている姿がみられる．その後，アッシリアでは長い袖の衣服の上に房飾りのついたショールを巻いた姿がみられる．

3) 古代エジプト
　前3000年頃には水平式織機を用いて亜麻布を織っていて，男性の腰衣（シェンティ），女性の筒形のローブに用いられていた．前1900年頃のバニ・ハ

サンの墳墓には，水平式織機や紡錘，縦糸をまく様子や布を叩いたり絞ったりする洗濯の様子が描かれている．前1500年頃には竪機が用いられ，つづれ織や文様織など複雑な織物が織られるようになった．男性の腰衣に飾り帯が用いられたり，女性の衣服にさまざまな色の革を用いた装飾がなされたりした．

　東方遠征（前1460頃）後には透けるような薄布を用いた貫頭型の衣服（カラシリス）が重ねられた．プリーツをつけたものもみられ，美しい衣服である．

4）エーゲ海諸島

　クレタ島では，気候温暖で豊かな自然に恵まれて独特の文化が花開いた．前1800年頃には羊毛のほかに亜麻の栽培もなされ，紡錘車や針も出土していて，紡績，機織り，染色，縫製の技術が進んでいたことが明らかとなっている．

　男性の衣服は後ろ中央がやや下がった腰衣で，縁に装飾があり，赤，青などの色がついたものが描かれている．女性は胸を露出したブラウス状の上衣とベル型のスカートであり，スカートには段襞飾りのあるものやエプロン風の装飾をつけているものもみられる（図2.1）．フェニキア人は前1500年頃にはテュロスから貝による緋紫の染料を輸出しており，海路による他地域との交流を示している．

5）古代ギリシャ

　ギリシャは都市国家を形成し，自由民と奴隷という構成を持ちながら恵まれた気候条件によって高い文化が花開き，衣生活にも新たな方向がみられる．

　前2500年頃には，縦糸におもりを付けたおもり機が用いられていた．女性は特に優れた紡ぎ手と織り手であることが求められた．前800年頃のホメロス作『イーリアス』には，機織りの様子が次のように描かれている．

図2.1　胴着とスカート
クレタ，「蛇の女神像」．

図2.2　糸紡ぎ（上）とおもり機（下）
壺絵より，前600年頃．

二幅の紫紅の布に，いろいろな競い合いの模様を縫い込んでいた．馬を馴らすトロイア人と青銅の帷子(よろい)を着たアカイア人とが，彼女自身のために，武神アレースの手から受け取る羽目に立ちいたった数多くの戦いである．

(ホメロス，呉・高津訳『イーリアス』世界古典文学全集1，筑摩書房)

ここでは二幅の布を織る大きな機で戦いの様子を織り込んでいることがわかる．壺絵にはしばしば女性たちの機織りの様子が表されている．

ギリシャの衣服は1枚の布をまとう懸衣形式であり，豊かなドレープを生み出す．内衣には羊毛や亜麻で織られたキトンを，外衣には羊毛のヒマティオンを重ねた．薄地の亜麻布を用いたイオニア式キトンは繊細なプリーツが生み出されて特に女性に好まれた．ホメロスの『オデュッセイア』には，川で衣服を踏み洗いし，浜辺に並べて乾かしている洗濯の様子が描写されている．

前6世紀には，羊の剪毛，洗毛，紡毛，機織り，縮絨，染色の技術が確立し（図2.2），テュロスの貝染である緋紫のマントやサフラン色が文学作品に描かれている．

6）古代ローマ

ローマは前2世紀からしだいに国力を充実させ，広い地域を属州として多くの織物や装飾品を輸入し，奴隷をイタリア半島に集めて労働力とした．

衣服形態はギリシャに次いで1枚の布をまとう形式のトガであり（図2.3），社会的な地位を象徴する衣服として市民権のある成人男性か貴族の子弟のみが着装できた．トガは円弧を持つ形で，長辺は5～6m，深さは2mほどであり，色彩には身分や職業の区別があった．トガは羊毛で作られ，一般市民の自然色に対して貴族の白色のトガは硫黄の蒸気にあてて漂白がなされた．

1世紀末の詩人マールティアーリスは衣服や取扱いについて風刺している．
　　なんどもテュロスの深紅に染ました外套で，トガは処女雪をもしのぐ白づくり
　　　（マールティアーリス，藤井訳『エピグランマタ』p.86-98，慶應義塾大学言語文化研究所，1973）

トガの内衣として，T字型に裁断されたトゥニカが用いられ，その後の衣服形態の中心となっていく．素材は羊毛，麻，木綿などでつくられて，幅の広い帯状の装飾がある．

女性はキトンあるいはトゥニカ型のストラを着ていた．そのうえにはショールのようにパルラを着装した．緋色，すみれ色などは好まれた色である．

ローマでは貧富の差が激しく，身分と結びついたトガはその染色や取扱いにも手がかかるものであった．貧しい人々は古着を着たり，数少ない衣服を洗濯もできずに着古したりしていた．一方で，火のしの使用もみられ，絹も高価であるが上流階級の人々には用いられるようになって衣生活が豊かになっていった．

図2.3 トガ（ティベリウス像）　　図2.4 トゥニカとブラカエを着る人

b. 中世

1）東ローマ帝国

コンスタンチノポリスを首都とした東ローマ帝国は，ヨーロッパとアジアの中継点として栄え，シルクロードからは中国の生糸がもたらされて絹織物の生産がなされていた．やがて6世紀には蚕が伝わり，生糸の生産から織物までを自国で生産できるようになった．またペルシャの優れた絹織物やコプトのつづれ織の技術も取り入れ，14世紀まではヨーロッパの織物の中心地であった．

服飾形態はT字型のトゥニカと，幅の広いダルマティカである．これらは毛織物や麻と羊毛の交織で作られて，帯状の飾りや円形や方形のはめ込み装飾がつく．男性はトゥニカの上に大きなマント（パルダメントゥム）をつける．マントは皇帝が緋紫，従者は白地である．女性はトゥニカ，ストラの上にパルラという織り文様のあるショール状の布をまとう．

庶民は帯状の装飾がある無地の毛織物のトゥニカやダルマティカを着ていた．また，トゥニカにズボン状のブラカエを穿いている男性もみられる（図2.4）．

2）5～10世紀

西ヨーロッパにはいくつかの国家が生まれてきた．農業が中心の生活であるが，職人の交流や道具，機械の発明によって技術が向上し，生産力が上がるようになった．衣服素材は羊毛が中心であるが，亜麻も用いられている．長い糸巻棒が用いられ，帯や脇に挟んで回しながら糸を紡いだ．

衣服は，内衣に亜麻布のトゥニカ，表衣には同型の毛織物が用いられた．9世紀のカール大帝の日常の服装と儀式のときの服装が記されている．

　　体にすぐ亜麻布の下着と亜麻布の股引をつけ，その上に絹の縁取りを巡らしたトゥニカと脚衣をつけた．

　（ローマ教皇の前では）ローマ風の長い上衣と広い外套をつけ，ローマ風につ

くられた靴をはいた．祝日には金糸で織った衣服，宝石をちりばめたはきもの，黄金の留め金でとめた外套をつけ，黄金，宝石の冠で飾った．

（アインハルト，国原吉之助訳『カール大帝伝』9世紀．世界文学大系，中世文学集2．p. 127, 筑摩書房，1966）

3) 11〜12世紀

この時期は，都市の形成，十字軍の遠征による東方の文化や特産品の流入などによって大きな変化が生じてきた．とりわけ衣服素材や染料の輸入が盛んになると，各地に織物産業が興り，ギルドの形成によって技術がみられ，いち早く分業化されて職人の地位が向上した．また，農村から都市へ人口が流入し，都市の商工業の発展と市民生活の充実がもたらされるようになった．

毛織物はフランス北部地方で生産され，優れた産地として長く続いた．絹織物は輸入が増え，上流の人々に華やかな衣服を提供した．また，綿織物が東方から輸入されたが，フランスで麻と綿の交織がなされ普及した．これらはヨーロッパ各地の布地定期市で売買され，豊富な衣料素材がもたらされた．

衣服は，白麻の下着の上にブリオーという上衣を着る（図2.5）．ブリオーはダルマティカのような形態で縁取り装飾のあるものであったが，やがて薄手の絹や毛織物が用いられ，細かいプリーツがある優美な衣服となった．また，金銀糸や色糸の刺繍がなされ，飾りベルトやマントが用いられた．

庶民の衣服は，麻の下着に粗い毛織物の膝丈のトゥニカであった（図2.6）．この衣服は実用的な騎士の服装にも用いられている．やがて衣服製作に従事する職人が増え，彼らの服装も少しずつ洗練されてくるようになった．

4) 13〜15世紀

都市の商工業がいっそう発展し，とくに織物工業が盛んになった．その原因は，ギルドの形成による仕事の分業化が促進されたことと，紡錘車や織機の発明，改良によっている．また，各地域の特産の織物がヨーロッパ全体に

図2.5 ブリオーを与える聖者
（12世紀末）

図2.6 トゥニカを着て鎖鎧を運ぶ人
「バイユー・タピストリー」1080年頃．

図 2.7　中世の仕立職人

図 2.8　羊毛の仕事（羊の剪毛，糸車，小型の織機）
タピストリー，1500～20 年．

提供されるようになった．そのため富裕な商人やギルドの親方たちもまた，財力によって豊かな衣生活が可能となった（図 2.7）．

　衣服素材として絹織物はイタリア産のヴェルヴェットや錦織が好まれていたが，フランスでもしだいに上質の絹織物が生産されるようになった．毛織物はイギリス各地やフランス北部のフランドル地方が大量に生産していた．上質の毛織物は緑や緋色に染められ，高価なものであったが，庶民は地味な色調の羅紗などを用いていた（図 2.8）．

　衣服形態は，男性は身体に緊密なプールポワン，ガウン状のウプランド，女性はワンピース型のコット，上半身がフィットしたコタルディ，ローブなどである．ウプランドは豪華な織物で立ち襟があり，毛皮の裏や縁取りがついて，開いた袖や袖口を絞った形がある．また裾や袖に切り込み装飾があることが多い．毛皮には貂，銀リス，ビーバー，狐，羊などが用いられた．袖ぐりが大きくあいたシュルコ・トゥヴェールは女性の盛装として用いられていた．また，衣服の色を左右かえたミ・パルティという表現がみられる．

　先のとがった靴（プーレーヌ）や先端を伸ばした頭巾（シャプロン），長く引いた袖など，長さや高さが衣服や付属品に表現された．

『カンタベリー物語』には，さまざまな階層の服装が描写されている．騎士はコールテンのジポン（プールポワン），騎士の御曹司は長い広い袖の付いた上衣（ガウン），医学博士は琥珀織や薄絹織で裏地をつけた深紅や空色の衣服，粉屋は白い外衣と頭巾などである．

また，ブルジョワの婦人たちの装いとして『結婚15の歓び』には，ローブには，緋色の毛織物，緑の極上毛織物，裏地には銀リスやリスの毛皮がつけられた衣服が描かれている．

このように，13〜15世紀は素材の多様化と形態の複雑化が特徴であり，ゴシック芸術の開花とともに服飾表現や好みも多様化し，働く庶民の姿も絵画やタペストリー，ステンドグラスに残されている． 〔佐々井　啓〕

c. 近世
1）16世紀

イタリアではすでに15世紀からルネッサンスが始まり，新しい芸術が誕生した．これは，しだいに力をつけていった都市の自治権の獲得や，商工業の発達によって富を蓄えた市民生活の充実と関係している．イタリア産のヴェルヴェットやブロケード，サテン，緞子などは各国に輸出され，華やかな服飾が展開された．1470年のエステ家の宮殿壁画には，機を織る女性が描かれている（図2.9）．

一方，スペイン，フランス，ドイツ，イギリスなどの各国は国家権力を強力にしていったが，国内経済の保護のために絹織物の輸入を禁止したり，金銀糸や金鎖などの使用制限や禁止を行っていた．しかし，実際にはあまり守られなかった．絹織物以外ではフランドル産の毛織物が上質な衣服素材であったが，イギリスとスペインはすぐれた原毛や毛織物生産国として国力を充

図2.9　機織り
「パラッツォ・スキファノイア壁画」（3月の部分）1470年．

図2.10　仕立職人
「ヨースト・アマン版画」1568年．

実させた．また貿易の拡大によりインドやエジプトの綿糸や綿織物，シリア，イラクの絹織物も輸入された．また機織り，仕上げ，染色などの一連の工程を組織的に行う工場も現れ，販売までを行う業者が出るなど織物生涯の規模が次第に大きくなった．

このような状況の中で衣服形態は絹織物を使った装飾的なイタリアモードから厳格なスペインモードへと変わった．スペインでは男性は肩に詰物をしたプールポアン，南瓜型にふくらんだオ・ド・ショース，女性は固いコルセットとフープの入ったペチコートで円錐形に構成したスカートをもつローブに代表される．また大きなラフ（襞衿(ひだえり)）は貴族の象徴として流行し，衣服に切れ目を入れて下着をのぞかせるドイツ起源のスラッシュとともに16世紀の特徴となった．

衣服製作については，1568年ドイツの職人の版画に描かれている（図2.10）．そのなかで仕立職人は，布を裁ったり針で縫い合わせていて「宮廷風の男の服も縫えば（中略）庶民の毛糸服もお手のものじゃ」と述べられている．織工はリンネル，綾織綿布，羊毛布で「あらゆる意匠を織りあげる」（『西洋職人づくし』）とうたわれている．そのほかに羅紗屋，染物屋，毛皮職人，絨毯工，帽子屋，靴屋，紐師などがみられる．職人の服装は多くの市民と同じように貴族の服装を簡略にした形であり，多くは毛織物でつくられていた．農民は粗い羅紗の衣服であり男性は上衣とオ・ド・ショース，女性は簡素なワンピース風のローブに白いエプロンやかぶりものをつけている（図2.11）．このように，絹織物を中心とした貴族の華やかで権威を象徴するような衣服のほかに，経済力をつけた市民の豊かな衣生活，農民たちの質素であまり変化のない自給自足的な衣生活をみることができる．

2) 17世紀

17世紀になるとヨーロッパ各国がそれぞれ力を蓄えてきた．オランダの独立やイギリスの経済的優位，フランスの絶対王制による権力の強化などが衣

図2.11　農民の衣服
ブリューゲル「農民の踊り」16世紀後半．

図2.12　ダブレットとブリーチズ
　　　　（オランダの市民服）
ハルス「居酒屋での出合」（部分）．

生活にも大きな影響を与えた．共和国として独立したオランダでは市民の服飾が新しいスタイルを確立する．毛織物工業により経済力を獲得し，市民の生活が向上するとともにスペイン風の厳格な服飾から脱した．自然な形のダブレット（上衣）は大きく垂れる四角い衿がつき，膝下までの細身のブリーチズ（半ズボン）を合わせた（図2.12）．つばの広い帽子やブリーチズをダブレットにとめつけるリボン結びもみられる．このような実用的な男子版は，貴族階級にも影響を与えながら長く続いていった．

　フランスでは貴族や富裕な市民はイタリア，スペイン，ペルシャ，中国などから輸入される高価な絹織物，ヴェルヴェット，レース，金銀糸入りの織物などを用いるようになった．しかし各国で国内の織物産業の保護と育成のため高価な絹織物やレース，金銀飾紐などの輸入禁止や貴族以外の人々の使用禁止の法令がたびたび出された．ついにフランスでは1644年に，マザランによる禁止令が発布され，その後装飾品としてリボンが多用された．リボン飾りはダブレットにブリーチズを留めるものから始まり，ブリーチズの裾やダブレットの肩などに束のようにつけられた．このような貴族の過度な装飾をモリエールは「飾りたてたリボンなどつけたら，まるで脚まで羽根の生えた鳩みたい」（『亭主学校』）と評している．次第に男子服はコート風の丈長の上衣にキュロット（半ズボン）に変わり市民にも普及した．

　当時の衣生活の様子は，イギリスの高級官僚によって記された『サミュエル・ピープスの日記』からも読み取ることが出来る．チャールズ2世の服装改革について「昨日，王は議会での服装としてヴェスト（コート風の上衣）着用を推奨した．1666.10.8」とあり，7日後には「王が初めてヴェストを着用されるのを見た」そのわずか2日後には「宮廷はヴェストだらけである」との記載があり，現代に劣らず流行に敏感な時代あったことが推察される．また17世紀は男性が女性より服装にお金をかけるのが当たり前の時代であり，「悲しいことに服を買いすぎて貯金が減ってしまった．妻は12ポンド，私はわずか55ポンド服を買っただけだ．1663.11.29」とあり，「たとえお金がかかろうと良い身なりをすれば，それ以上の見返りが期待でき，きっと採算がとれるのだ1664.10.21」と，この時代の男性が衣服に投資する意義を述べている．

　女性の服飾は，固い胴着にジュープ（下のスカート）を着け，その上からローブを用いる．ローブの前面は時々開かれて胴着やジュープをみせている．男性ほどではないがリボン飾りが用いられ，貴族の女性は豪華な絹織物を用いた．

　市民階級はオランダに始まり，着実に独自の衣生活を築き上げていった．毛織物産業の発展は，市民の衣服の実用的形態と相まって市民服に適切な豊かさをもたらした．下着には白亜麻が用いられ，洗濯にも多くの労力を要した．また，ホーホの絵画「下着入れ戸棚」には収納の場面が描かれている（図2.13）．しかし農民は相変わらず貧しい生活であり，市民服の簡素な美し

図 2.13 リネンの収納
ホーホ「下着入れ戸棚」．

図 2.14 糸車，織機
ベラスケス「織女たち」1657 年．

さにも遠い衣生活であった．

　1656 年のスペインのベラスケスの絵画「織女たち」は，王室の綴織工場の内部を描いているが，前景に働く女工たちを配している（図 2.14）．また，1630 年頃にインド産の捺染更紗が輸入されると上流階級の間で流行し，これを真似たヨーロッパ産の捺染綿布の生産がなされたが，従来の織物の保護のために，捺染綿布の輸入と生産が禁止された．

3) 18 世紀

　18 世紀はフランスを中心としたロココ芸術が開花し，装飾や服飾などの生活文化が充実した．イギリスでは産業革命が進展し，とくに織物産業は飛躍した．それは 1733 年ジョン・ケイの飛梭の発明に始まり，ジェニー紡績機（1765 年），水力木綿紡績機（1767 年），カートライトの力織機（1785 年），ワットの蒸気機関を利用した織機などによる．これはインド産の捺染綿布の輸入が再び許可され，その綿布の実用性が国産化を推進し，産業革命による綿布の大量生産を可能にした．とくにイギリスの植民地であるアメリカの綿花の栽培が大量な原料を提供した．また綿布は鮮やかなプリントが可能であったために，都市の市民に瞬く間に流行した（図 2.15）．

　衣服形態は，男性は上衣，ヴェスト，キュロットの三つ揃いが定着し，女性は大きな輪骨入りのアンダースカートであるパニエをつけ，ローブを上から着用した（図 2.16）．貴族は高級な絹織物を用いていたが，市民の日常着や外衣には毛織物が多くなり，やがてインド産捺染綿布で部屋着を仕立て，室内装飾のほとんど，たとえばカーテン，クッション，ベッド，壁掛けなどにも綿布が用いられるようになった．また中流の婦人は，イギリスやフランス国内で生産された安価な綿布のローブを着用できるようになってきたことが，イギリスの風刺誌『スペクテイター』に投書の形で次のように載っている．

　　私は（貧しいので），フープでふくらませた流行のペティ・コートを着るにし

図 2.15 シャルダン「洗濯をする婦人」

図 2.16 ローブ，アビとキュロット「婦人服仕立屋」1737 年.

ても，最高級の絹ものではなくて，もっぱらキャラコを着用することにしています．

(川北　稔訳『洒落者たちのイギリス史』p. 171，平凡社，1986)

綿布の捺染方法も，木版でなされていたものが銅版やローラーを用いてスピード化し，さらに模様を彫り込んだ金属円筒の発明により，いっそう改良された（図 2.17）．また，16 世紀にすでに発明されていた靴下編機はさらに改良され，以前より伸縮性のある畝編みが可能になった．

一方ルイ 16 世の妃マリー・アントワネットは田園趣味としてヴェルサイユ宮の一角に農家風のあずまやをつくり，堅固しい宮廷服を脱いで薄地綿布の簡素なローブを着て楽しんだといわれている．いずれにしても，薄地の綿織物は，絹，羊毛，亜麻が占めていた衣服に浸透し，衣生活に大きな変化をもたらした．18 世紀当時の衣生活を知る上で，参考になる資料として英国女性『バーバラ・ジョンソンの服飾アルバム』がある．このアルバムは 8〜86 歳ま

図 2.17 捺染綿布
フランス製，18 世紀.

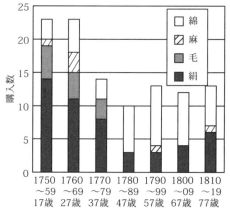

図 2.18 バーバラ・ジョンソンの服地購入内容の変化

での間に購入した服地・値段・用途などを細かく記録した服飾家計簿で，その内容は流行や年齢と共に変化し，興味深いものである．購入内容から作成したグラフからは田園趣味やシューミーズドレスの流行に従い次第に綿布の購入割合が増加していること，若い時期の方が服地の積算購入数が多く，お洒落意欲が高いことなどが推察できる（図2.18）．

このように18世紀は，華麗な貴族社会の一方で着実に産業革命が進み，しだいにイギリスを中心として，綿布だけでなく砂糖，茶，コーヒーなどを楽しむ生活が市民の間に浸透し，生活革命をもたらしたのである．

〔岩崎恵子〕

d. 19〜20世紀
1）ヨーロッパ
①19世紀

19世紀のヨーロッパは，産業革命を経て工業化を推し進めるイギリス，そしてフランス革命をあとに，社会に大きな構造の変化をもたらしたフランスを中心に，新興富裕階級の台頭によって大きな転換期を迎えた．ファッションは，これまでの華やかな貴族中心のものから，市民階級中心へと移行していった．

19世紀初頭イギリスでは，紳士の新しい美意識，ダンディが登場した．ダンディの装いは，装飾や色など見た目においては地味だが，素材や仕立てなどの見えないところで最高の品質を追求するものであり，今日まで続くシンプルな紳士服の基本が確立した．女子服は，革命後，古代ギリシア・ローマのディテールを模した簡素なハイウエストのシューミーズドレスが登場したが（図2.19），貴族の力が再び強まると華やかなモードが甦り，30年代には細いウエストと膨らんだスカートが復活した．

この時期は，ドレスのシルエットはめまぐるしく変化した．その流行の背景には，衣服素材や製造技術の発達と消費生活の定着があった．ジャカード

図2.19　シューミーズドレス（1806年）

図2.20　ロンドンのショール店（1866年）

織機の発明と実用化は，複雑な模様織の生産を可能とし，大型のショールが流行した（図2.20）．染色化学技術の進歩は，プリント加工を施した生地を作り出した．またメリヤスやレースは機械化が進み，合成染料が発明された．19世紀半ば以降，クリノリンスタイルが流行すると，スカートの広い面積をチュールやレースなどで装飾した．ウージェニー皇后がアランソン・レースを装飾に用いたり，ヴィクトリア女王が婚礼にホニトン・レースのヴェールを注文すると，レースは注目を浴び，ますます需要が高まった．1870年頃になると，後ろ腰を詰め物で強調するバッスルスタイルが，世紀末には，胴体をコルセットでS字のシルエットに成型したスタイルが流行した．装飾がフリル，ギャザー，リボンなどで過剰になるにつれ，装飾小物は量産され，安価に手に入るようになっていった．ドレスのシルエットを作り出す下着も，美しさだけでなく快適さを求め，次々と新しい発明や改良がなされていった．

1846年にアメリカで発明されたミシンが実用化に成功すると，既製服産業が発達し既製服店が増加した．また19世紀中頃，パリやロンドンでは，新製品を一括して大きな店で取り扱う百貨店が誕生した（図2.21）．百貨店ではレースなどの装飾品のほか，コートや室内着を中心とした既製服コーナーも設置された．このような既製服の販路が築かれることで，上流階級の流行を模倣した既製服を，中流階級の婦人も容易に手にすることができるようになった．

婦人雑誌は，19世紀末頃から飛躍的な発展期を迎え，次々と創刊された．最新のスタイルや上流階級の生活を伝えるだけでなく，注目の仕立て屋，ファッション雑貨や下着の店などの広告が掲載された（図2.22）．販売部数が増え読者層が広がると，中流階級を対象にパターン付雑誌が刊行された．雑誌はフランス国外でも購入が可能となり，遠方や海外まで，パリでの最新情報を入手できるようになった．

19世紀後半，現代のファッションシステムの基盤がシャルル・フレデリック・ウォルトによって形成された．これまでの仕立て人が客の要望に合ったドレスを制作していたのに対し，ウォルトは新しいシーズンごとにオリジナルの新作をモデルに着せ，顧客に提案した．ウォルトをはじめ，ドゥーセ，パキャン，ポワレやシャネルといったデザイナーは，その技量を上流階級に認められ社会的評価を高めた．今日，流行の牽引者であるデザイナーの地位は，こうして築かれていった．

②20世紀

19世紀後半以降，ヨーロッパで開催された万国博覧会会場には世界の生活文化が集結し，西欧の衣生活も国際化へと向かった．ロンドンやパリの万国博覧会で紹介された日本の着物が室内着として取り入れられるなど，20世紀初頭にかけて，各国の衣装は異国趣味ファッションとして西欧の衣服に取り入れられた．異国の衣装の影響は衣服構成にもみられ，従来の人体に沿って立体的に考える衣服作りに，東洋の平面的な構造の要素が取り入れられた．

図 2.21 百貨店（ボン・マルシェ）のフロア
Les modes de Paris 1910.

図 2.22 婦人雑誌に掲載された仕立屋の広告（1903年）
Femina, No. 56, 1903.

ドレスの形状は，異国趣味の流行と活動的な女性の登場を背景に，ストレートラインへと移行した．20世紀初頭のドレスラインが単純化する一方で，織物や染色，裁断，縫製の技術においては近代化が進んだ．衣服素材はさらに種類が豊富になり，透織や薄布の流行に対し，麻や綿に加えて絹や羊毛の薄布が作られた．またレースやカットワーク，刺繍，トリミング，アップリケなどの技術も発達し，より装飾的な要素が流行に取り入れられた．

また，二つの大戦は衣生活にも大きな変化をもたらした．第一次世界大戦中には，女性が職業につくことで，スカート丈は短く，より機能的な女性服が発達した．女性の日常着としては，実用的な素材であるウールギャバジンのテーラードスーツが普及した．1917年，シャネルは男子服の素材であるジャージーを用いることで，より機能性の高いジャージースーツをデザインした．また，合成繊維の開発は進み，1910〜20年代には人造繊維（レーヨン）が大量に生産され，ギャルソンヌと呼ばれるボーイッシュなスタイルの膝丈スカートとともに人工シルクのガーターストッキングが普及した．続いて1937年のナイロン，1941年のポリエステル，1945年にはアクリルが発明され，三大合成繊維が衣服素材に参入すると，ストッキングは強くて安いナイロン製が主流になった．手入れが容易で丈夫な合成繊維の需要は高まり，素材の多様化は，さまざまな嗜好を満たすデザインを手ごろな価格で生産することを可能にした．

パリを陥落させた第二次世界大戦は，ファッションへの価値観も変化させていった．戦後，オートクチュールは再興し全盛期を迎えるものの，1960年代に入るとファッションの民主化が進み，時代はオートクチュールから高級既製服であるプレタポルテへと移行した．パリのデザイナー，クレージュは，ロンドンのストリート・デザイナーであるマリー・クワントが流行させたといわれるミニスカートをオートクチュールコレクションに取り入れた．20世紀，広範囲の人々がおしゃれを楽しむ行為は加速し，トップダウン型で形成

されてきた従来の流行システムから，街の若者が派生的に流行を作りだすようになる．ミニスカートの流行はガーターベルトの押さえ部分が見えてしまうため，パンティストッキングを誕生させた．合成繊維の開発はさらに進み，ビニールやプラスチックが素材として代用可能になった．1967年，未来派のパコ・ラバンヌが工業デザインをイメージして制作したドレスは，シルバーコーティングしたアクリル樹脂のディスクをメタルチェーンで連結させるなど，自由で斬新な発想のデザインは衣服素材の可能性をより拡大していった．

〔佐藤恭子〕

2）アメリカ

① 19世紀

19世紀初頭，既製服産業が芽生える以前のアメリカでは，「縫うこと」すなわち「針と糸を用いた手作業」であった．シャツ1枚を縫うにも時間と労力を要する19世紀初頭の状況は，縫製機械であるミシンの商品化と，それに伴う衣服産業の発展によって急速に変わっていく．変化の先駆けとなったのは，経済成長にともなう市民の生活水準の向上である．1840年代のアメリカでは，鉄道網の発達とともに農地が拡大し，消費の拡大とともに産業が活性化した．経済成長によって市民の生活水準が向上すると，古着ではない新品の衣服を着用することが望まれるようになる．新品の衣服を効率的に生産する手段がミシンである．

ミシンの商品化は，1851年 I. M. シンガー社での商品化にさかのぼる．南北戦争（1861-1865）が起こると，軍服や軍用コートの特需を契機としてミシンの実用性が広く社会に認識された．南北戦争後には帰還兵が着る既製服の需要が急増するが，こうした需要は，従業員5〜10人程度の小規模な工場での生産によってまかなわれていく．その後，1870年代から分業システムやパターンの導入が進み，衣服の流行とともに既製服産業が発展した．性能のよい低価格のミシンが大量に供給されたことと移民女性がミシンのオペレーターとして低賃金で雇われたことによって，衣服の生産効率が飛躍的に高まった．図2.23は1875年のミシン広告である．

そして，1890年頃からは，テーラーメード・スーツの流行によって，顧客を個別に採寸して注文服を仕立てるテーラーやドレスメーカーと，サイズごとに縫製済みのレディーメードと呼ばれる既製服を販売する既製服産業が競合して成長した．その一方で，ミシンが一般的な家庭にも浸透した．1890年以降は注文服，既製服，家庭裁縫の服によって市民の衣生活が豊なものになっていく．

ここで男性の服装の変遷をみていこう．男性の服装は19世紀初頭から，紳士服の三つ揃い，すなわち，上着，ベスト，ズボンを組み合わせて着るスーツの基本型が定着した．

1850年代の新聞広告をみると，オーバーコート，ジャケット，スーツ，ズボン，ベスト，シャツ，ネクタイという一揃いのファッションが定着したこ

図 2.23 ミシンの広告例（Wilson Sewing Machine Co.）*The New York Times* 1875 年 10 月 30 日.

図 2.24 紳士服の広告例（Nicoll's, 部分）*The New York Times* 1889 年 10 月 14 日.

とがわかる．1870 年代後半になると，ミシンの縫製能力の向上とともに，安物とされていた既製服に質的な変化が生まれる．1890 年以降には用途に応じたデザインのスーツやジャケットが販売された．生活にゆとりができ，ファッションへの関心が広く市民レベルで高まっていった（図 2.24）．

一方，女性の服装はヨーロッパの流行をほぼ踏襲しており，アメリカに住む女性たちは雑誌や書簡，パリの店舗から取り寄せたドレスを着た上流階級の女性などからヨーロッパの流行を知ることができた．特にニューヨークの五番街には多くの百貨店や注文服店が営業しており，こういった店舗で仕立てた服も利用されていた．また，1870 年代クリノリンによってひろげられたスカートにはレースやリボンなどのさまざまな装飾が施され，ミシン縫いを導入することで何メートルものスカートの裾の始末を短時間で行うことができるようになった．1890 年代から流行したテーラーメード・スーツは，女性においても広く着られるようになり，スカートとブラウスにジャケットの組み合わせが定着していった．新聞広告をみると，19 世紀中ごろからクロークやケープなどの上着類が販売され，1870 年代からウォーキングスーツなどのカジュアルなスーツやスーツのインナーとしてのドレスシャツ，ティーガウンやハウスローブなどの室内着が販売された．1890 年代には，スーツ，ジャケット，スカート，シャツウエストなどが販売され，それぞれをコーディネートして着用するという新しい流行が芽生え，室内着であるラッパーなどもディテールの異なるさまざまなデザインが販売され流行した（図 2.25）．これらの既製服の製造過程においてもミシンの積極的な活用が進んだ．

② 20 世紀

1910 年代になると，アール・デコの影響を受けて身体のラインを強調しない直線的なシルエットのドレスが登場した．この直線的なシルエットは既製服の普及に貢献はしたが，注文服と家庭裁縫も一定の需要があり，婦人雑誌には依然として家庭裁縫の記事や注文服の広告が掲載されていた．注文服の広告の中では，アメリカならではのものとして通信販売によるものが 1910 年

30   2. 衣生活の変遷

図 2.25　婦人服の広告例（Rothenberg & Co., 部分）

The New York Times, 1899 年 10 月 22 日.

図 2.26　通信販売の注文服（MACY'S カタログ, 1911 年）

代まで確認できる（図 2.26）．通信販売は国土が広いアメリカでいち早く発達した販売方法であり，19 世紀後半には通信販売専業の小売業が現れ，扱う品目は多岐にわたっていた．その中でも made-to-order もしくは made-to-measure と呼ばれる注文服は，形と布を選んで自分でサイズを測って注文するという現在でいえばカスタムオーダーであり，大量受注により価格を抑えて既製服に近い価格で身体にフィットした服，つまり良い仕立ての服を手に入れる方法として多くの顧客を得ていたのである．

　1930 年代になると 1910 年代に短くなったスカート丈が再び長くなり，ほっそりと身体にそったシルエットが流行した．二度の世界大戦中は布地の節約や家事労働の重視等により一時ファッションは停滞したが，第二次世界大戦後には再び女性らしさを強調したファッションが好まれた（図 2.27）．その一方で，1950 年代にシャネルが発表したいわゆるシャネル・スーツは，特に働く女性に支持された．

　1930 年代以降はオートクチュールの分野ではチャールズ・ジェームズやアーノルド・スカジーが，既製服の分野ではダナ・キャラン，ラルフ・ローレン，カルヴァン・クライン等の多くのデザイナーがニューヨークから登場し，ニューヨークファッションが確立してゆく．また，1962 年にアメリカン・デザイナーズ協議会（CFDA）が設立されてからはプレタポルテ（既製服）のコレクションとしてニューヨークコレクションが開催され，アメリカのファ

図 2.27 既製服の広告（Best & Co.）
Vogue, 1955 年 9 月 1 日.

ッションは既製服を中心に発展してゆくことになる．

〔小町谷寿子，太田　茜〕

2.2　日本の衣生活

a.　原始から奈良時代
1）原始・古代

　我が国の衣生活は遺跡から発掘された遺品を手掛かりとして，縄文時代まで遡ることができる．青森の三内丸山遺跡から出土した紐付きの小袋はイグサ科の植物を網代編みにしたものであり，縄文時代中期に織機が渡来するまで編み布が用いられていたことがわかる．

　弥生時代になると，大麻，苧麻といった麻のほか，絹の生産も行われるようになっていた．これは『魏書東夷伝』に栽培した苧麻を織物にしていることや，桑の栽培や養蚕について書かれていることから推察できる．また，243年に卑弥呼が魏に献じた品として「倭錦，絳青縑，緜衣，帛布」があるが，絳青縑とは絳（深紅色）や青の文様の絹布，緜衣とは真綿入りの衣服のことで，染織技術の発達がみてとれる．

　古墳時代になると，『日本書紀』に403年に百済から縫衣工女が渡来したと記されているが，それ以来養蚕や機織りの技術を持った帰化人が増え，彼女たちは衣縫部と呼ばれて我が国の染織や裁縫の技術の向上に貢献した．京都の古墳からは絹と苧麻の交織の織物も出土している．衣服材料としては，

植物の蔓や樹皮の他，苧麻，大麻の草皮を晒して繊維にしたものを木綿(もめん)と呼び，それらを布に織ったものは妙(栲)(たへ)と呼ばれて用いられていた．また，「布」は麻を主とした植物繊維の総称として定着し，染色では草木の葉や赤土による摺り染めがなされていた．

この時代の衣服は，古墳から出土した埴輪にみることができる．男女とも上下二部式の衣服で，上衣はともに筒袖のついた窄衣で，下衣は男子はズボン状の袴を膝のあたりで紐で結んで着装し，女子はスカート状の裳をはいている．埴輪には勾玉(まがたま)や管玉(すがたま)，銅，金銅などで作られたネックレスや腕輪を身につけているものも多くみられ，身分の高い人々は装身具を使用していたと考えられる（図2.28）．

2）飛鳥から奈良時代

飛鳥時代になると，603年に冠位十二階が定められる．これは我が国最初の服制であり，冠の色を位によって決められた当色(とうじき)に定めるものであった．「天寿国繡帳」の人物からこの時代の衣服をみると，男子は上衣と，袴にプリーツスカートのような褶(ひらみ)を着けており，女子は上衣とスカート状の丈長の裙(も)をつけていることがわかる．

その後服制の改革が重ねられ，奈良時代には718年に「養老の衣服令」によって，国家の重大な行事で着用する禮服(らいふく)，日常の朝廷出仕の際に着用する朝服(ちょうふく)，朝廷に出仕する無位の人々が着用する制服がそれぞれ定められた．身分によって，形態，材質，色彩が区別され，男子の朝服は頭巾，衣，白袴，腰帯，襪(しとうず)と呼ばれる靴下，履(くつ)からなり，女子の朝服は衣，帯，裙，履から構成されていた．さらに翌年には「初令天下百姓右襟」という令が出され，一般の人々の衣服の打ち合わせを右前に統一するよう定められており，衣服令が広く市民を対象にも出されていることがわかる．

法隆寺や正倉院御物にはこの時代の染織品が多く残されている（図2.29）．多くは大陸から伝えられたものであるが，国産の錦や綾の織物も含まれている．絁(あしぎぬ)，綺(かんはた)，羅なども織られるようになり，染の技術としては蝋染めによ

図2.28　衣・裳（埴輪）　　図2.29　赤地絣錦（法隆寺）

る﨟纈，板締め絞りによる夾纈，絞り染めによる纐纈の優れた作品が多く残されている．

『万葉集』には衣服の製作や管理といった衣生活に託して，当時の人々の生活観やさまざまな感情が歌われている．

　　庭に立つ麻手刈り干し布さらす東女を忘れたまふな（521）
　　　―庭の麻を刈って干し，布をさらしている，東国の私を忘れないで下さい
　　紅に染めてし衣雨降りてにほひはすともうつろはめやも（3877）
　　　―紅に染めた衣は，雨にあって色が美しくなっても，褪せることはない
　　わが背子が着せる衣の針目落ちず入りにけらしもわが情さへ（514）
　　　―着物の針目ごとに，縫い糸だけでなく私の心までも入っていったようだ
　　　　　　　　　　　　　　　　　　　　（『万葉集』日本古典文学大系，岩波書店，1976）

b.　平安時代

平安時代初期は大陸文化を導入した前代の服飾が踏襲されていたが，894年の遣唐使の廃止以降，生活全般にわたって和様化が進み，衣生活においても国風文化がおこってくる．

9世紀の公的な衣服については，後醍醐天皇の勅によって編集された『延喜式』によって詳しく知ることができる．たとえば，天皇と中宮が年中に用いる服飾の種類と点数が内着や下着に至るまで示され，製作に要する布や糸の量，作業人員や日数が記録されている．染色についても「黄櫨」の染料として「櫨と蘇芳」，媒染剤は「酢灰」があげられ，定着剤，燃料についてまで詳しく記されている．また，織物の種類としては羅，紗，穀綾，錦，両面などがみられる．

11世紀になると貴族の衣服は，男子が朝廷の儀式などに着用する正装として束帯，通常の出仕の際に着用する略装として衣冠，その他私的な衣服として直衣や狩衣が定着する．束帯は，冠，袍（うえのきぬ），下襲，半臂，表袴，衵，大口袴からなり，袍の色は四位以上黒，五位蘇芳，六位縹に定められていた．女子の衣服は，正装として唐衣裳装束（女房装束，十二単），略装として小袿や袿姿があった．唐衣裳装束は唐衣，裳，袿，単，袴からなり，袿は何枚も重ねて着装されたことから重袿と呼ばれたり，後に枚数が5枚に定着したことから五衣と呼ばれたりする．

染織技術においては，律令制の崩壊とともに織部司は衰退し，しだいに地方の豪族や貴族の邸内，民家内での工房での生産が盛んになる．これによって地方の特産品が生まれることとなり，阿波の絹，美濃の八丈，常陸の綾，紀伊の縑，甲斐の斑布などが都で売買されていた．当時の都では，月の前半は東市，後半は西市が開かれ，約20店が染織品を扱う店であった．それは全体の四分の一に当たる数で，各地の特産の染織品だけでなく，朝廷に納めた剰余品や古着などの衣服も取引されていたといわれている．このような市の繁盛からは，衣生活の発達がみてとれ，服飾における階級差が減少してきて

いることがわかる．また，染織技術における和様化は，女子の唐衣や男子の略装の袴である指貫(さしぬき)に用いられていた二陪織物(ふたえ)や有職文様の成立にみることができる．

さらにこの時代の貴族の衣生活を彩るものとして，「襲色目(かさねいろめ)」があげられる．これは直衣や狩衣，下襲(したがさね)，狩衣などに使われる織物の経糸と緯糸，表布と裏布，さらには袿を重ねる際の色の組み合わせのことである．襲色目の名称は色そのものを呼称として用いるだけでなく，季節の花木や自然の風趣にちなんだ名がつけられていた．たとえば春に用いる「紅梅」重ねは表-紅，裏-蘇芳，「桜」重ねは表-白，裏-紫，冬に用いる「松雪」は表-白，裏-青となり，また袿において同じ色を濃淡の違いで重ねていくものを「匂(におい)」，薄い色が白に至る場合は「薄様(うすよう)」と呼んで用いていた．衣服によって季節感を表現しており，季節を先取りして用いることが趣のある装いとして好まれていた．『源氏物語』の「若紫」では，几帳の端に立つ女三宮を次のように描写している．

 紅梅にやあらむ，濃き薄きすぎすぎに，あまた重なりたるけぢめはなやかに，
 草子のつまのやうに見えて，桜の織物の細長なるべし．
  ―紅梅襲の袿であろうか，紅や紫の濃い色薄い色が次々に重なっている変化
  は美しく，色々の色彩の紙を重ねて綴じた帖（草子）の小口のように見え，
  上着は桜襲の模様のある細長であろう
         （『源氏物語』日本古典文学大系 16，岩波書店，1976）

他にも季節感を衣服で感じられるものとしては，前代から衣更(ころもがえ)の習慣があったが，平安時代には年中行事として定着している．季節に応じて服装の構成，地質，色，文様などをかえて調達されていた．『源氏物語』の「幻」には，花散里が源氏に文を添えて衣更の装束を贈る場面があり，次の歌が交わされている．

 夏衣たちかへてける今日ばかり古き思ひもすずみやはせぬ
 羽ごろものうすきにかはる今日よりは空蟬の世ぞいとど悲しき
  ―蟬の羽のように薄い衣に短い夏を象徴させ，世のはかなさを嘆いている
         （『源氏物語』日本古典文学大系 17，岩波書店，1976）

図 2.30　裁縫（源氏物語絵巻）

衣服の製作や手入れについて，絵画からも知ることができる．「源氏物語絵巻」には裁縫の様子が描かれている（図2.30）．また，庶民の衣生活を描いたものとして「扇面古写経」が挙げられる（図2.31）．ここには井戸端で洗濯をする女性が描かれており，たらいと石が置かれ柄杓で水をかけ足踏み洗濯をしている様子がみてとれる．また，丸洗いした摺り染め模様の着物を竿に干す女性も描かれている（図2.32）．これらの人々は小袖に襷をかけ，褶と呼ばれる腰に巻く裳を着用したり，袖なしの衣を着用したりしていることがわかる．

また，秋の風物として広く生活に溶け込んだものとして砧打ちがあった．砧打ちとは，布を柔らかくし艶を出すために，布を石や木の台の上にのせ木づちで叩くものである．当時の文学には，その音や作法に感情や秋の風情を読み込んだものが多くみられる．『新古今和歌集』には秋歌として次の歌が納められている．

　　故郷に衣うつとは行く雁や旅の空にも鳴きてつぐらん　大納言経信（481）
　　―故郷で砧を打つ私のことを，雁は旅の空の夫に告げてくれるだろうか

　　　　　　　　　　　　　　　（『新古今和歌集』日本古典文学大系28，岩波書店，1976）

　　　　　　　　　　　　　　　　　　　　　　　　　　　　　〔米今由希子〕

c. 鎌倉・室町時代

1192（建久3）年，源頼朝が鎌倉に幕府を開くと，雅な公家文化は表舞台から姿を消し，質実剛健を尊ぶ武家の精神が社会全般に反映されるようになった．衣服は簡略化の一途をたどり，それまで一般に着られていた衣服が武家の衣服として上級化する現象がみられた．たとえば，公家男性の束帯は，武家の儀式服に，狩衣は武家の礼装となり，庶民の水干は武家の常服となった．鎌倉時代後半からは水干の代わりに直垂が着られるようになった．女子の衣服は公家女性の服装を省略する形をとり，小袖と袴に袿を羽織る衣袴，小袖と袴のみの小袖袴が現れた．

図2.31　洗濯（扇面古写経），12世紀後半

図2.32　干しもの（扇面古写経）

染織産業については，すでに衰退していた織部司は鎌倉幕府により廃止され，民間の手工業者が工人を引き抜いては「座」を組織し，寺社や荘園領主の下で活躍した．『庭訓往来』の「大舎人の綾，大津の練貫，六条の染物，猪能の紺，宇治の布，大宮の絹，烏丸の烏帽子…」という記述からは，綾や練貫などの高級絹織物のほか，染や麻織物が各地で行われていたことがわかる．13世紀中頃の成立とされる「当麻曼荼羅縁起絵巻」には，大和当麻寺に伝わる曼荼羅の由来を伝える説話が描かれている．極楽往生を願い，藤原豊成（横佩大臣）の娘が蓮糸で曼荼羅を織る．織機は踏み木により綜絖を上下する当時の地機と思われる（図2.33）．

足利将軍の室町時代，政治の中心は再び京に移ったが，地方の武士の勢いは増す一方で戦乱が絶えなかった．幕府は当時目立っていた婆娑羅と呼ばれる武士の派手な装いについて『建武式目』(1336)の中で戒め，たびたび禁令を発令して綾，羅，錦，繍（刺繍）といった染織品の使用を禁じるなど統制を目指した．一方で，足利幕府は積極的に対明貿易を行い，唐織物などの高級輸入織物を中国から輸入した．幕府関係者などの限られた人々はこれらを身に着けて楽しみ，茶道の世界では，舶載の高級染織品を茶道具とともに珍重した．このような輸入染織品は，後に高級織物の産地として知られる西陣に大いに影響を与えた．また，麻に代わる新たな織物素材として木綿が輸入され，日本で木綿栽培が始まったのもこの頃だが，木綿はまだ貴重で，はじめは衣服よりも火縄銃の原料として生産されていた．

鎌倉から室町時代にかけては，現存する服飾・染織資料は非常に少ないが，当時描かれた絵巻物にはさまざまな身分の人々の衣生活がみられる．『石山寺縁起絵巻』には，筒袖の衣，女性の湯巻，庶民男性が直垂に烏帽子をかぶる姿がみられる．衣服の形だけでなく当時の多様な染色模様も知ることができる（図2.34）．藤原国能の家では文様小袖に裳袴をつけた垂髪の女性たちが裁縫にいそしむ姿が描かれている（図2.35）．布の裁断には小刀を用いていた．その様子を見守る女性は袴を着けていない．このように，室町時代の終わり頃には，着物の原形である小袖が一枚着として表に現れていた．

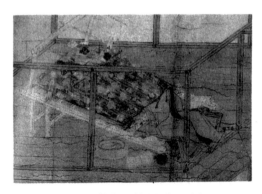

図2.33　機織り（当麻曼荼羅縁起）

図 2.34　庶民（石山寺縁起），室町時代

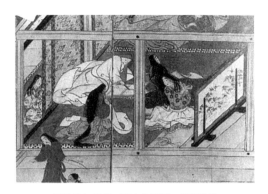
図 2.35　裁縫（石山寺縁起），室町時代

d.　安土・桃山時代

　織田信長から豊臣秀吉へのわずか 40 年足らずの間になされた天下統一の時代，南蛮船により西洋やインド，東南アジアから新しい文物や学問が入り，権力者たちの新進の精神を大いに刺激した．

　『信長公記』に「信長公黒き南蛮笠をめし…」とあるように，信長は西洋の帽子や蜀江錦の小袖など，奇抜な異装（南蛮趣味）を好んだ．婆娑羅を嫌ってきた武家の人々にとって，それまでの慣習をくつがえすものだった．1563 年に来日したルイス・フロイスは，大坂城で目にした秀吉の異国趣味の服装やコレクションについて記している．秀吉もまた，華やかな装いを好み，『太閤記』には秀吉が家来に派手な装いを推奨したことが記される．近世初期に描かれた南蛮屏風には，襞襟・帽子・ジバオ（立襟の上衣）やカパ（マント）といった異国の服飾を身に纏う武士の姿もみられる（図 2.36）．中には，そのまま日本の衣生活に浸透していった服飾品もある．たとえばジバオは江戸時代に下着となった襦袢，カパは合羽の語源，ボタンが初めて日本に入ったのもこの頃であった．また戦国期には，武将の奇抜な変わり兜や陣羽織が多く作られた．陣羽織は当初，防寒や防雨のための実用的な外衣だったが，命をかけて戦う武将たちの晴れ着としてより華やかなものへと変化し，ここに異国趣味が発揮された．現存する陣羽織の多くは，羽毛，ペルシャのタペストリー，羅紗，羅背板などの毛織物，金銀緞子といった外来染織品を用い，日本にはない曲線裁ちによる新しい意匠構成が見られる．

　日本の織物産業は，西陣における生産組織をさらに拡大させ，綾織物や厚板物の大量生産が進んだ．複雑な文様を織り出すには従来の地機ではなく空引機を用いた．文様を織り出す経糸を持ち上げる紋あげ工は機台の上にあがり，織り手と息を合わせて単綜絖を集めた紐を引き上げる．中国から入ったこの技術は，後にフランスで機械化され，ジャカード織機として世界に普及した．

　室町時代後半から桃山時代にかけて，一枚着として表に現れた初期小袖は，後世の小袖に比べて身幅が広く，丈はくるぶし程度の短い対丈であった．帯

は，腰の低い位置で紐や細幅の帯を巻き結んだ．誰もが同形の小袖を纏うようになったことから，文様表現がますます重要視された．京の町を描いた「洛中洛外図」「清水寺図」「都鄙図」などには，都の呉服商や小袖屋などの商人，市井の人々の姿がいきいきと描き出されている．思い思いの文様を施した小袖からは，お洒落を楽しんだ様子が伝わってくる（図 2.36〜2.38）．

身分の高い人々の小袖には，辻が花染（絞りと描絵）や繡箔（ぬいはく）（刺繍と摺箔）による加飾が行われた．撚りの少ない絹糸をたっぷり用いた桃山刺繍は，艶やかでふっくらとしている．意匠構成は前代から引き継がれた総模様のほかに，肩と裾に文様を配置する肩裾，身頃の左右で異なる裂を用いた片身替り，文様をずらした段替りなどがあった．

e．江戸時代

1603（慶長 8）年，徳川家康は江戸に幕府を開き，徹底的な封建制度による治世を目指した．3 代将軍家光の頃には幕藩体制が確立し，鎖国も成立した．徳川幕府の約 260 年は，天下泰平の名のもとに，公家・武家・町方の身分が明確であったが，人々は各々の立場で可能な限り流行を取り入れ，積極的にお洒落を楽しんだ．

武士が平常に着た裃は，直垂に次ぐ公服となった．裃は室町時代に着られた肩衣袴が形式化したもので，黒・藍・茶・鼠などの地味な色の麻の無地や小紋が用いられた．裃の下に着けた熨斗目小袖（のしめこそで）や日常的に着用した羽織や小袖にも家紋が付けられた．また，井原西鶴が『日本永代蔵』（貞享 5・1688 年）において「此家繁昌の時は…風俗も自から都めきて，新在家衆の意匠をうつし，油屋絹の諸織をけんぼう染の紋付，…」と記しているように，商売に成功した町人層は武士を真似て五所紋付の小袖や羽織を着用し始めた．

小袖は江戸時代にはすでに，老若男女，階層を問わず着られる一枚着として定着していたが，身分や立場による違いがあった．江戸時代初期に武家の

図 2.36　小袖，袴（清水寺図）

図 2.37　洗濯（洛中洛外図）

図 2.38　呉服屋（都鄙図）

間で着られたのは，地を赤・黒・白に染め分け，刺繡や摺箔，精緻な鹿子絞りで地が見えないほどの文様を埋めつくした「地なし小袖」であった．武家女子の夏の腰巻（こしまき），冬の打掛（うちかけ）は室町時代から引き継いだ礼装で，腰巻や打掛に用いる小袖には，刺繡による松竹梅などの吉祥文様が豪華に施された．打掛はやがて裕福な町人層の婚礼衣装となり，現代の和装婚礼衣装に引き継がれた．

　江戸時代前期の終わり頃（17世紀後半）には次々と現れた富裕町人層が江戸の経済や流行に大きな影響力を及ぼした．大成功を収めた越後屋呉服店（現在の三越）が創業したのもこの頃であった．江戸日本橋の新しい店は，京で仕入れた反物や舶載品が店頭に並ぶという品揃えの豊富さと，当時としては珍しい現金売りや即日仕立てを行い評判となった．井原西鶴は『日本永代蔵』の中で越後屋呉服店の主人を「大商人の手本なるべし」と評している．

　新興町人層のほか，歌舞伎役者や遊女たちも独特のセンスを磨き，最先端のお洒落な小袖に身を包んだ．大胆な文様表現が特徴の寛文小袖（かんぶんこそで）は，植物や器物の文様を肩から裾にかけて流れるように大きく配置するものであった（図2.39）．新しい流行は，この頃からたびたび出版された小袖雛形本を通じて広がっていった．小袖雛形本は呉服店での見本帳や武家・富裕町人層の読み物の役割を果たしていた．

　華美を追求した町人層に対し，幕府は度重なる奢侈（しゃし）禁止令を出しては高価な絹地や刺繡，匹田鹿の子絞りなどを取り締まったが，それに対抗して新しい染技法が次々に生まれた．この頃，宮崎友禅斎の描く絵が人気を博していたが，糸目糊置き防染によりその細やかな絵画的図案を小袖に染め出すことが可能になった．図案と技法が結びつき誕生した友禅染は瞬く間に流行し，染中心の小袖地には染着性の高い縮緬が好まれるようになった．江戸時代後期になると褄や裾の部分に重点的に模様を置く褄裾模様の小袖も現れた．糊防染の持ち味を生かし，白く染め抜いただけの「白上げ」も行われた．

　江戸時代には，型染も盛んに行われた．江戸時代初期の作とされる「職人尽絵」（埼玉・喜多院）には，型付職人が反物に型紙を用いて糊を置く様子がみられる（図2.40）．型紙と糊による防染模様染は，柄の大きさに応じて小紋（小形）・中形・大紋（大形）と呼び分けられた．小紋は早い時期から，武

図 2.39　寛文文様

図 2.40　型置師（職人図屏風）

家の裃や小袖，京の町人，職人層，女性にも着られていた．享保年間を境に文化の中心が京から江戸に移ると，地味な色目を好んだ江戸町人の粋好みと合致し，縞や絣とともに大流行した．中形はその名の通り，小紋に比べると中ぐらいの大きさの文様を指す．風呂上りに着た木綿地のゆかたびらに藍と白のコントラストで中形を染め出した．江戸時代後期，式亭三馬の滑稽本『浮世風呂』（文化 6・1809 年）には，風呂上がりに着る身拭いとして，『守貞謾稿』（嘉永 6・1853 年）では，庶民の夏の普段着として着られたことが記されている．これが現在，夏の花火大会などによく着られる浴衣の原形である．

　庶民の衣服素材として用いられた木綿は江戸時代には河内，摂津，三河など各地で栽培され，各村には藍染を行う紺屋などもあった．人々は染めてもらった木綿糸で自ら織るようになった．このように木綿と藍染が結びついて庶民生活に浸透し，縞・絣・絞りが働き着として自家生産され発達した．有松・鳴海の絞りのように「東海道五十三次」（歌川広重）の中で取り上げられるほどの人気を博したものもあった．

　丈夫な木綿の普及は，日本の衣生活に対する意識も変えた．木綿は洗濯を繰り返しても傷みにくく清潔さが保てるうえに，繕いやはぎ合わせにより再生しやすい．そのため農家の人々の中には，作間稼ぎに古着の売買を行う者もあった．式亭三馬の『浮世風呂』では，古着屋や裁屋に関する会話が記されている．

　　「あの裁屋（きれや）はろくな物は持居（もって）ねへよ…」「片身頃有りやア御化（おばけ）が一枚出来やうといふ洒落だアな，…袖なしの肩入れにするから太織島（ふとりじま）かなんぞ見繕て買ふと思ふヨ」

人々の会話からは，裁屋の品揃えを噂し，袖なしの着物を作るのに縞織物を調達して継ぎ合わせの衣服にしてはどうか，といった日常着への関心事がうかがえる．

　衣服の調整は女性が家庭で行う重要な仕事となった．『絵本みつわ草』

図 2.41　洗張り（鳥居清長作）

図 2.42　針仕事（喜多川歌麿作）

（1740年）に「布を洗濯するには灰汁をもって去り」と記されるように，川辺や井戸端でたらいと洗浄剤の灰汁を用いて洗濯する光景は日常的にみられた．『和俗童子訓』（貝原益軒，1710年）巻五では，「女功とは，織り縫い，績み紡ぎ，すすぎ洗い，又は食をととのうるのわざを云う．…ことにぬいものするわざを，よくならわしむべし」とある．糸屋，染屋，仕立屋，呉服屋などが揃う時代になっても，女性が家庭で裁縫などの手仕事をこなせるように母から娘へ教えられた．そうした江戸の町人の生活は浮世絵（図 2.41，2.42）にも描かれている．　　　　　　　　　　　　　　　　〔沢尾　絵〕

f.　明治・大正時代

1）明治期

　ペリーの来航を機に長い鎖国政策を解いた旧幕府は，1869（慶応3）年，陸軍伝習隊にフランス式の制服を導入した．洋装の軍服を定めた初めての例である．このように開国と同時にさまざまな西洋の風俗が流入した．

　維新後，1870（明治3）年の太政官布告によって，陸軍がフランス式，海軍がイギリス式に組織されると，軍服も両軍の形式を模倣して制定された．軍服で採用された詰襟ジャケットと，ズボンのような裾幅が狭い袴の組み合わせは，鉄道員や郵便配達人，警官，学生などの制服に取り入れられた．1886（明治19）年には帝国大学で，金ボタンを用いたシングル合わせの詰襟の服を制服と定めたのと前後して，各地の中学，高等学校，大学においてこの型が制服として多く採用され，学生服と呼ぶようになった．

　華族や文官用の服制についても 1872（明治5）年の太政官布告によって定められている．天皇を筆頭に政府高官たちが，洋装を取り入れた．また，1871（明治4）年には廃刀・断髪についての布告が出され，従来の髷から散切り頭が一般にも広がり，男性断髪と洋装は開花風俗であった．

　1883（明治16）年に完成した欧化政策の象徴である鹿鳴館では，舞踏会，音楽会，バザーなどが繰り広げられた．それまで女性は江戸時代の衣生活を

踏襲していたが，欧米式に男女同伴で洋装が条件とされたため，高位高官の婦人たちは当時ヨーロッパで流行していたバッスルスタイルのドレスを着用した．しかし，風刺画の対象となるなど，一般的には受け入れられないものであった．そのようななかでも，1886（明治19）年には華族の女性にはフランスの宮廷服を模した各種礼服が定められ，公式行事は洋装で行われるようになった．

そしてこれらの需要に応えるように，白木屋呉服店は，1886（明治19）年に洋服部を新設し，続いて越後屋も1888（明治21）年には洋服部を新設した．しかし洋装は非常に贅沢なものであり，ドレスからアクセサリーに至るまですべてにヨーロッパ社交界の流行を取り入れていたのは皇族，華族，政府高官といった一握りの特権階級であった．

軍服や官吏の制服など，公的な衣服として洋服を着用していた男性にとっても，洋服は職業に適した勤務時間に限って着用するものであり，帰宅後の私的な時間は和服に着替えてくつろぐのが一般的であった．女性の場合は看護婦や教員といった職業服が存在した，一部の例外を除いて，和服が中心の衣生活であり，洋服に関してはまだまだ批判的な意見も多く，公的な衣服として定着するには及ばなかった．

その一方で，和装の欠点を改良する動きがみられるようになった．女性の髪型については，後に婦人束髪会によって，従来の日本髪の不衛生，不経済，不便な点が指摘され，髪型の西洋化とも呼ばれる束髪が奨励された．衣服についても実用性を重視し，袖を筒袖にするとの提言が行われた．

女学生の袴姿も和装から洋装へと移る経過の一つとしてあげられる．1872（明治5）年の学制発布をきっかけに全国に学校が作られた．男子学生が明治の早い時期から洋装を取り入れていたのに対して，女学生は和装が大半を占めていた．開設当初は，学校から支給された羽織と男性用の小倉袴が，中傷の対象となった．鹿鳴館時代には洋装が奨励されたが，1893（明治26）年の女学校令の交付以降は女性用の行燈袴が用いられた．袴自体に批判の声がなかったわけではないが，行灯袴は洋装のスカートの形状とよく似ていたことから，洋装を受け入れる素地になったと思われる．さらに袴姿には，束髪，リボン，ショール，靴，手袋など，洋装のエッセンスを取り入れることが多かったことからも，和装から洋装へ移る経過がうかがえる（図2.43）．しかし，この袴姿は女子学生や女子教員という立場を示す服装であったために，卒業後に他の場面で着用されることがなかった（図2.44）．

産業界においても大きな変化が生じていた．1872（明治5）年，政府によって群馬県富岡に官営の製糸工場が開設され，蚕糸業の近代化が図られた．1879（明治12）年には東京に千住製絨所が作られ，男性用の軍服や制服に用いられた毛織物が作られた．その後，製糸業，織物業が発展する．染色業においても合成染料の輸入やその利用により，より多くの色が使用できるようになった．

図 2.43 女学生（リボン，ペンダント，靴，傘など）
「女学世界」明治 39 年 4 月．

図 2.44 明治末期から大正の風俗
「風俗画報」大正元年 12 月．

ア）大正期

大正期に入ると，サラリーマン層が表れ，彼らが背広服を着用するようになる．洋装においては毛織物の使用が一般的になったが，和装は日常着であり，毛織物の使用は，おしゃれ着として限定された（図 2.44, 2.45）．

女性は和装が主流であるが，着物の模様に当時は珍しかった薔薇などの洋花や幾何学模様を用いた洋風のものが登場した．1920（大正 9）年に平安女学院がセーラーカラーのワンピースを採用し，その後，全国の女学校で洋装の制服が取り入れられるようになった．職業用の制服はさらに多く採用され，大正 10 年に東京市電気局が市電や市バスの女子車掌の制服を制定した．その他，新劇女優やアナウンサーの洋服姿もみられるが，彼らは職業柄新しいものを取り入れることが狙いであった．大正末期に関東大震災が発生し，和服の非活動性が話題となる．簡単服は手製も可能であり，また実用性も高いことから重宝された．その後，家庭洋裁も一般化し，子ども服以外にもホームドレス等が作られ，女性の洋装化に一役買った（図 2.46）．

g．昭和時代

大正末期から昭和初期は，日本が連合国の一国として参戦し，戦勝国となった第一次世界大戦を経て，日本の国益が大きく増進した時代である．すでに洋装が定着した男性に対し，女性は，職業婦人や，女学生から，家庭婦人の一部にも洋装が着用されるようになった．たとえば，インテリ層と呼ばれる職業婦人は，テーラードスーツを着用した．当時のテーラードスーツは，ヨーロッパ諸国において，一般女性の外出着として，着用されていたものと同様のものである．また，銀座の街角に，断髪，洋装，洋風化粧に象徴されるモダンガールが登場した．当時のパリのファッションから影響を受けた，直線的なラインに，ローウェストで膝丈のスカートにクロシェ帽を合わせていた（図 2.47）．髪型も，ショートのボブカットを断髪と呼び，手入れが楽

図 2.45　大正期のセル見本（愛知県一宮市　鈴木貴詞氏所有）

図 2.46　家庭洋裁（大正時代）

なことから機能的であった．パーマネントも導入され，直毛の日本人女性の髪にウェーブを付けることが可能となった．

　戦時色が濃くなってからは和装への回帰が求められたが，和装の非活動性は周知の事実であり，動きやすい和装を求めて，婦人団体などが検討を行った．1940（昭和 15）年には，男性には国民服が，1941（昭和 16）年には女性には標準服が制定された．男性の国民服は，背広服と比べ，ワイシャツやネクタイを必要としない，ジャケットとズボンからなる洋装であった．女子の標準服は洋服形，和服型，活動衣とあったが，洋服形は下衣にスカートを組み合わせたため，活動的ではなかった．そのため，同時に示された防空用の活動衣である和服とモンペを用意せねばならなくなり，結果としてこのスタイルが定着した．1941（昭和 16）年には衣料切符制が実施となった．衣服は手持ちのものに改良を加え，着用するしかなくなった．

　1945（昭和 20）年に戦争が終結した直後は，進駐軍の兵士やその家族の洋装を目の当たりにし，アメリカの影響を受けることとなった．経済的な復興が始まると，洋装着用への流れが加速した．パリでは 1947 年にクリスチャン・ディオールがニュールックを発表した（p.72 参照）．小さな肩と，コルセットで締め上げた細いウェスト，たっぷりと布地を用いたプリーツスカートの組み合わせは，戦争の終わりを象徴するファッションであった．この様なフランスのモードが日本にも伝わり，日本女性も自ら仕立て，着用した．全国に洋裁学校が急増し，洋服の作り方を掲載した雑誌も相次いで創刊されるようになった．

　世界の流行が，平均的な暮らしを営む，日本人の衣生活にもダイレクトに取り入れられるようになった始まりである．また，映画やテレビの世界から流行が発生することもあった．海外の映画俳優や歌手の影響で，ジーパンに代表される流行が生まれるようになった．1967 年には前年にロンドンで流行し始めた，ミニスカートの女王と称されたツイギーが来日し，日本にもミニスカートブームが起きた．男性ファッションにおいては，アメリカの，東海

図 2.47 昭和初期の女性
高畠華宵「談笑」.

岸の有名私立大学からなる，アイビーリーグの学生のファッションから発生した，アイビールックが流行した．1970 年代には，日本人デザイナーの高田賢三が，パリコレクションにおいて，日本特有の平面作図から作り出されたシルエットに花柄の組み合わせのドレスを発表し，話題となった．昭和の末期，60 年代はバブル景気と円高を背景に海外の高級品を身に着ける女性が増加した．この時代の日本人には，平成期の訪れとともにおきるバブルの崩壊後の不況やデフレなど気づくはずもなかった．

　昭和期は合成繊維の製造が始まった時代である．昭和 20 年代のビニロンに始まり，アメリカなどで製造が行われていた，ナイロン，アクリル，ポリエステルの製造を，国内メーカーが行うようになり，衣服素材に用いられるようになった．新しい衣服素材は，さまざまな機能を付加し，スポーツウェアなど，衣服の機能性の向上に貢献した．　　　　　　　　　　〔櫻井理恵〕

3 民族と衣生活

3.1 風土と衣生活

a. 環境条件と衣服

　民族とは，人種，言語，宗教を同一にして社会を形成し，文化を創り出す人々の集合である．とりわけ衣生活における衣服素材には，採集や栽培の可能な植物繊維や狩猟や遊牧による獣皮や獣毛が使用されるなど，地域の気候や風土との関わりにおいてなされることが多い．

　そこで，環境条件をみるために，気候風土の違いをみていきたい．人間が住んでいる地球上には，極寒の地から熱帯に至るまでさまざまな環境がある．そこでは，食料となる産物や衣服素材の取得など，生活の重要な部分を占めるものが環境によって左右されている．また，衣服の形態は環境によって工夫されていることが多い．このような地球環境を暖かさと乾湿度からみていこう．

　図3.1はケッペンの気候区分図である．この図は人間生活と自然環境との関わりを重視しており，衣服形態との関係をみるうえで適している．ケッペンの指数は，縦軸に暖かさの指数，横軸に乾湿度指数をとり，左半分は乾燥生態系，右半分は湿潤生態系を示している．

　以上の環境条件を参考にして，次の地域に分類し，衣生活の特徴をみていく．

　① 熱帯地域：高温多湿の赤道を中心とした地域．インド南部，東南アジア，インドネシア，南太平洋，ブラジル，アフリカ中西部など

　② 砂漠地域：乾燥した高温地域．オーストラリア，西アジア，北アフリカなど

　③ 高原地域：乾燥したステップ・サバナ地域．北アフリカ中西部，南アメリカ高地，中央アジア，アフリカ南部など

　④ 温帯夏雨地域：夏に高温多湿となる地域．中国南部，朝鮮半島，日本，北アメリカ東部，南アメリカ中東部など

　⑤ 温帯冬雨地域：冬に雨がある地域．南ヨーロッパの地中海沿岸など

　⑥ 温帯多雨地域：雨の多い地域．北ヨーロッパ，中国の一部，北アメリカ中北部など

　⑦ 亜寒帯地域：シベリア，アラスカ，北アメリカ北部など

　⑧ 寒帯地域：極寒のグリーンランド，北極，南極など

　以上の分類は必ずしも適切であるとはいえないが，民族の衣生活の観点から考えてみれば，この分類の地域にはそれぞれ共通する生活を指摘できる．

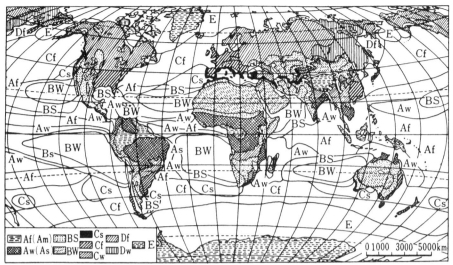

Af(Aw)：熱帯雨林気候，Aw：熱帯原野気候，BS：草原気候，BW：砂漠気候，Cs：温帯冬雨(地中海)気候，Cf：温帯多雨気候，Cw：温帯夏雨(中国)気候，Df：亜寒帯多雨気候，Dw：亜寒帯夏雨気候，E：寒帯気候．

暖かさの指数	気候帯	
0	極氷雪帯	Polar frost zone
0〜15	寒　帯	Polar (tundra) zone
15〜45	亜寒帯	Subpolar zone
45〜85	冷温帯	Cool temperate zone
85〜180	暖温帯	Warm temperate zone
180〜240	亜熱帯	Subtropical zone
240〜	熱　帯	Tropical zone

乾湿度指数(ケッペン)	気候帯	
0〜5	強乾燥帯(砂漠)	Perarid zone
5〜10	乾燥帯(ステップ)	Arid zone
10〜18	半乾燥帯(ウッドランド，サバナ)	Semiarid zone
18〜28	湿潤帯(森林)	Humid zone
28〜	過湿潤帯(森林)	Perhumid zone

図 3.1　ケッペンの気候区分図

　熱帯地域では簡単な腰衣形式の衣服が多くみられるが，それは高温多湿という気候条件が関わっている．素材はおおよそ植物繊維を用いている．

　砂漠地域では，乾燥した高温のために熱を遮断する衣服が必要となる．全身を覆い，ゆとりのある衣服形態が多い．

　高原地域では，昼夜の温度差が激しいために，上衣と下衣の上に外衣を用いることが多い．ポンチョ形式のものは毛布や敷物にも使用することができる．

　温帯で夏に高温多湿になる雨の多い地域では，開放的な衣服形態が一般的

である．日本の着物は中世の小袖の流れを汲むものであり，それ以前の大袖形式の衣服とともに，日本の伝統的な形態であるといえよう．

　地中海沿岸のように夏は湿度が低く，冬に雨が多い地域は比較的温暖で過ごしやすい気候のため，かつては開放的な巻衣形式の衣服が用いられていた．しかし今日では，温帯多雨地域と同様に，身体に緊密で寒さに耐える開口部の少ない洋服形式が用いられている．

　寒帯地域では防寒服に近い形式の衣服が用いられる．イヌイットのアザラシやトナカイの毛皮のアノラックとズボンが代表的な衣服である．

　このように，人々が生活をする環境が衣服に大きく影響していることは明らかである．しかし，環境から生まれた衣服がそのまま現在まで用いられているわけではなく，社会や文化によりさまざまに変化してきている．

b. 経済・文化条件と衣服

　さまざまな地域に生活する民族は，現在でも経済的な状況は異なっている．たとえば，装身具を財産として持って身につける習慣があったり，遊牧生活やそれに近い生活を行っている民族があったりする．一方，定住した農耕生活においては，長い期間に貨幣経済を発展させてきた．さらにシルクロードにもみられるように，各地の産物の交換を目的とした商業的生活を営む民族も存在していた．現在では各地にバザール（市）として残っており，経済的な生活の様子を示しているといえよう．

　このように，経済生活のタイプによって衣服素材の生産，販売，衣服の製作は異なってくる．自給自足的な衣服製作から物々交換へ，そして大規模な生産流通方式へと変化していったが，民族の衣生活の特徴をみることができる．

　また，宗教が衣生活に及ぼす影響は大きい．キリスト教，仏教，イスラム教，ヒンズー教など，それぞれの戒律や習慣に従った衣服を用いている．たとえば，イスラム教の女性は頭からベールをかぶり，全身を覆ったり，顔を隠したりしている．インドのシーク教徒は必ず頭にターバンをつけている．さらにキリスト教ではカトリック教徒がミサのときに白いベールをかぶる．このように宗教を同一にする民族の間には，一部に共通の衣服を身につけることが多い．

　文化的な側面は，民族の歴史と異民族との交流に現れてくる．今日の民族の衣生活は長い伝統の上に成立し受け継がれているものであるが，ある時期に異文化の流入によって衣服形態が変化したものも多い．とりわけ植民地政策による欧米文化の影響を見逃すわけにはいかない．そのために民族服の一部に洋服的な要素が登場していることが認められる．また一方では，ナショナリズムの台頭により再び伝統的な民族服に戻ろうとする傾向や，現代にふさわしい新しい民族服に代えようとする傾向がみられ，衣生活はますます複雑になってきている．

3.2 民族と衣服

20世紀になって高度に情報化，画一化された社会において，民族服のおかれた立場は複雑なものになってきている．特に欧米の衣服である洋服が世界的に浸透し，日本においても明治以降の洋服の導入によって衣生活の方向が決定されてきたのである．

そこで，現代に伝えられていて，日常生活に着装されている民族服について，その形態的な特徴をまとめてとらえてみよう．

a. 腰衣

腰衣は下半身に布を巻きつけて衣服とするものである．この形式は，植物の樹皮や茎などを材料とした腰蓑と共通するが，ここでは東南アジアの腰衣を取り上げる．

サロンは一般に筒形に縫製された幅の広い形で，襞(ひだ)をとったり，きっちり折り返して巻き付けたりされる．足首までの長さがあり，上半身にはシャツなどが着られる．男女ともに用いられ，広く分布している．ミャンマーではロンギー，タイではパーシンと呼ばれている．

インドネシアのジャワ島では，縫われていない巻衣のカイン・パンジャンが用いられている．これは木綿のろうけつ染であるバティックを使用している．上半身は帯状の布で胸からカイン・パンジャン上部までを巻く着方である．

タヒチ島のパレオは1枚の布を後ろから前に回し，上部の両端を前中央でねじって首の後ろで結ぶ女性の衣服である．男性は腰のみを覆う形である．

ケニヤのカンガは，2枚の布を用い，1枚は胴部から下をスカート状にし，もう1枚は頭からかぶって上半身を覆い，前中央で留める．

図3.2 サロン（田中，1985）

図3.3 下半身にパンジャン，胸にクンブン（小川，1991）

50   3. 民族と衣生活

図3.4 ドーティ（内藤，1986；田中，1985）

　インドの男性の腰衣にドーティがある．ドーティは幅1m，長さ4～5mの布を両足の間を通して後ろに回し，ズボン状に着装する着方もある．
　このように腰衣形式の分布は広く，その地方特有の素材や織り，文様染めとともに歩んできたのである．

b.　サリー，キラ

　サリーはインドの女性の代表的な民族服である．1mくらいの幅の布を5～6m使用し，まったく縫製されない衣服として今日まで用いられてきた．素材はインドの伝統的な木綿のほかに，絹に金糸の刺繍が施された豪華なものもみられる．文様は，縞，幾何学文様などのほかに，細かい絞りや木版を使った更紗文様などに特徴がある．いずれも藍，茜，うこん，ざくろなどの植物染料を中心として合成染料も用いながら鮮やかな配色となっている．
　着装法は，ペチコートの上から中央にプリーツを取りながら左からぐるりと腰を回し，もう一度右脇から回して左肩に布を持ち上げ，後ろに垂らす．

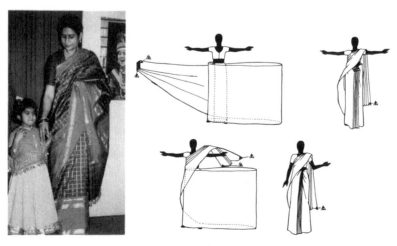

図3.5 サリー（田中，1985）

3.2 民族と衣服　51

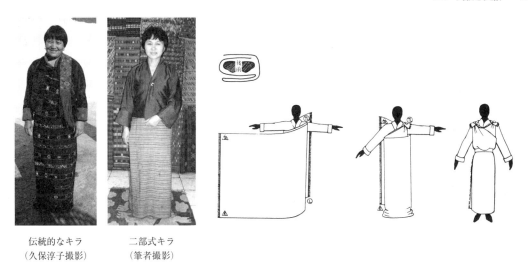

伝統的なキラ　　二部式キラ
（久保淳子撮影）　（筆者撮影）

図3.6　キラ（右図は田中，1985）

そのほかにも何種類かの着方があり，地域や階層によっても異なっている．サリーの下にはサリーと調和する同系色の半袖のブラウスをつける．

　キラはブータンの女性の衣服である．キラは厚めの布を巻衣形式にまとう．3枚の布を接ぎ合せた幅140 cm，長さ250 cmくらいの布を胸から足首までの長さに垂らし，横に前部三重，背部二重になるようにたたんで巻く．肩で2か所ブローチで留め合わせ，腰に帯を締める．キラの下にはブラウスを着装し，キラを着けた上には上着をつけて，ブラウスの袖を折り返す．近年ではスカートと上着の二部式のキラが実用的に用いられている．この形式は高地の寒さに対応できる衣服であるといえよう．

c.　ポンチョ

　ポンチョは中央アンデス山中に生活するインディオたちの男性の衣服である．高地であるため，ポンチョは木綿とアルパカなどの獣毛で織られた厚地の布である．形は中央に縦に首を通すスリットがあり，裾にフリンジがついているものもある．中央のスリットは2枚の織り布を接ぎ合わせるときに残しておくあきであり，腰に括り付けて織る地機の布幅の2倍の大きさとなる．ポンチョの下には半ズボンをつけ，サンダルを履き，帽子をかぶっている．

　ポンチョの文様は民族により特徴があるが，縞や幾何学文様などの大柄なものがある．また，ナスカ文化やインカ文化の伝統的な人物文や鳥獣文も用いられている．現在では合成染料が主流となり，アルパカから羊毛糸へ，手紬から機械紬へと変化して新たな展開をみせている．

　メキシコのインディオの女性たちに愛用されているケチケミトルは，長方形の布を二つ折りにして正方形とし，首あきを残して縫い，布の角を三角形に前後に垂らす形である．また，長方形の布の一端を他方の辺に縫い合わせ，かぶる形もある．部族によって色や文様も異なるが白木綿地に鮮やかな色を

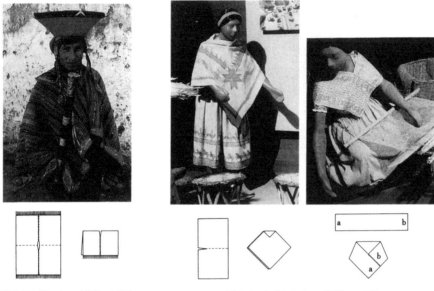

図3.7 ポンチョ（小川，1986）　　　図3.8 ケチケミトル（稲村，1983）

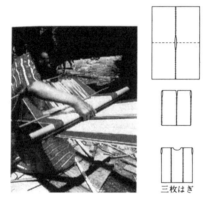

図3.9 ウィーピルを着て機織りをする女性
　　　（稲村，1983）

用いた動植物や幾何学的な文様が織りだされている．

　メキシコやグアテマラに広く着装されているウィーピルは貫頭型の衣服であり，両脇が縫われた形である．細い幅の長方形の布を縦に2枚つなぎ，首あきと袖口の部分を縫い残している．メキシコでは白地木綿に鮮やかな刺繍を施したものが代表的であるが，現代的なビロードやレース飾りのものもある．

　これらのウィーピルの下には円筒形のスカート状のものを腰に巻く．メキシコではウィーピルをスカートの上に出してゆったりと着ている姿もみられるが，グアテマラでは短いウィーピルをブラウスのように着てスカートを上から穿いていることもある．

　グアテマラでは現在でも居座機（いざりばた）で伝統的な織物を作り，衣服として着装し

ている部族が多い．文様は部族に固有の表現として受け継がれている．

d. カフタン

カフタンは筒袖，前あきの全身着で，その起源は古くトルコの勢力拡大に伴って近世ヨーロッパでも注目された衣服である．カフタンはアジア全体に分布する東洋的な衣服であり，寛衣の代表的なものである．

カフタンの着装には2種類ある．まず，トルコを中心とした西アジア・中央アジア一帯では，帯や紐で締めずにガウン状にはおる着方がなされている．一方，日本の着物に代表される東アジアのカフタン型は，前を打ち合わせて上から帯を締める．

現在は中央アジアのシルクロード周辺の住民が内陸の乾燥性気候から身体を守るための外衣として用いているが，トルコでは伝統的な行事の衣服としてのみ残存している．また，前を打ち合わせる形式には日本の着物があるが，日常着よりはしだいに行事などの特別な衣服となりつつある．しかし，ブータンでは，男性の衣服に着物形式の衣服であるゴがある．これは筒袖で，膝丈にたくし上げて帯をして着装する．チベットでは袖なしの着物型の衣服を上に着て帯をしている．このような高地の民族のカフタン型衣服は中国山地の少数民族にもみられ，気候の関係から裏つきのものが多く，内衣の上に重ね着されることが特徴である．

図3.10　カフタン

e. ガウン状寛衣

アラビア半島や北アフリカ諸国は砂漠の乾燥した高温地域であるため，身体をおおって熱や乾燥から守る全身着が用いられている．アラビアでは袖幅の広く裾の長いガウン状の寛衣をゆったりと帯を締めずに着る．頭に布をかぶり，紐で押さえている姿は典型的な装いである．頭にはターバンが巻かれることがある．モロッコではフード付きのガウン状の寛衣が用いられている．

図3.11 和服（著者撮影）　　図3.12 ゴ（著者撮影）　　図3.13 ガウン状寛衣（モロッコ）（小川, 1986）

防暑のためにフードや頭巾をかぶることが多い．

f. チョゴリ，チマ

　韓国の民族服であるチョゴリ，チマは古から用いられた女性の上下衣である．古代には麻や葛などの植物繊維でつくられていたが，現在ではさまざまな素材が用いられている．

　チョゴリはかつては筒袖の幅が広いゆったりした上衣で，カフタン系統の衣服であり，前を打ち合わせていた．やがて丈が短くなり，袖幅も狭くなって今日のような形となった．打ち合わせの紐には装飾的な下げ飾りをつける．

　チマは，巻きスカート状の裳であり，上部にプリーツがあって胸高に結ばれる．チョゴリが短くなったためにチマは裾に向かってゆったりと広がり，ヴォリュームと安定感を与えている．

　韓国では古代から白が好まれ，白衣の民族といわれるほどである．白色は祭日の時の色であるが，喪の色でもある．喪のときには白と生成りが用いられる．

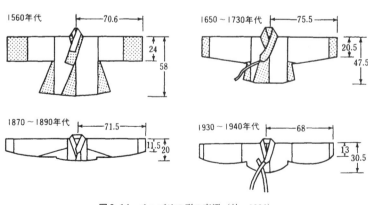

図3.14 チョゴリの形の変遷（朴, 1986）　　図3.15 チョゴリ，チマ（田中, 1985）

また，鮮やかな原色も好まれている．黄色，桃色，赤色，紫色，藍色などもみられる．チョゴリとチマは必ずしも同じ色で仕立てられるわけではなく，さまざまな調和が生み出されている．

g. チュニック，ズボン

チュニックとズボンという上下衣形式の衣服は，その実用的な性格から中央アジアの遊牧民にみられるものである．乾燥性の気候のため，皮膚を露出しないように工夫されているが，この上にカフタン型の衣服を着装することが多い．上衣は細く長い袖が付き，立衿もみられる．ズボンは細いものもみられるが，ゆったりした大きめの形が多い．

トルコを中心として広く用いられているシャルワールは，腰回りの大きい，ゆったりとした直線裁ちのズボンであり，ウェストにギャザーをとって裾口を縛る．これは長方形の布を無駄なく接ぎ合わせて袋状にし，両下端に足の出る口をあけた形に特徴がある．やがて股下の部分を斜めにカットしたズボン風の形がみられるようになる．

上衣はチュニック形式よりゆったりしカフタン型の立衿のついた形が多い．前中央または右寄りのあきがある．今日では下衣はシャルワールであっても上衣には洋服のシャツやブラウスを着用するスタイルが定着している．

インドの男性の衣服には，裁断縫製された上衣（クルタ）とゆったりしたズボンであるパジャマがある．クルタは膝丈で袖口が広めになっていて，衿なしと立衿が付いた形があり，胸あたりまでのあきがある．もとは白地木綿が主であったが，色や文様のついたものもみられるようになった．パジャマはシャルワール系統のズボンであり，股下が曲線で裁断され，ウェストの部分は紐締めされる．パンジャブ地方では木綿の縞や柄物で作られる．近頃ではクルタとパジャマを一揃いで仕立てたパンジャビスーツが登場し，洋服の

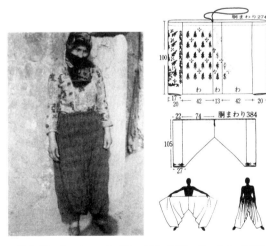

図3.16 シャルワール（左：小川，1991；右：田中，1985）

図3.17 クルタ，パジャマ

図 3.18 アオザイ（田中，1985）

図 3.19 チャルシャフ（小川，1986）

要素を積極的に取り入れた新しい民族服を生み出している．

ヴェトナムでは男女ともにチュニックと太い筒状のズボンを着用している．女性は中国服に似た立衿で右寄りにボタンのついたあきがあり，脇にスリットの入った膝下の丈のアオザイを着ている．農民は木綿であり，茶褐色や黒が多いが，都市では白が好まれ，材質も絹などの高級品も用いられる．

韓国の男子服には，カフタン型の腰丈のチョゴリとゆったりしたズボン状のバチがある．バチは足首を紐で結び，ゆったりと膨らみを持たせる着方がなされている．

h. ベール

イスラム教を信じる国々では，女性が頭からベールを被り，全身を覆っている姿がみられる．ベールは国や民族によって異なるが，最も完全に覆っている場合には，目のみを出した覆面をつけて顔全体を隠している．アフガニスタンのチャドリ，イランのチャルシャフ，サウジアラビアのアバヤなど名称はさまざまである．色彩は黒が基本であるが，戒律の緩やかな地域では色物のベールをつけていたり，スカーフで頭を覆っているのみであったりする．

ここで取り上げた民族服は，それぞれの民族のさまざまな生活条件と密接に結びついている．今日においても，民族服が成立した当時の形態を受け継いでいることが多く，それは衣服の類型で述べたような基本的な服飾形態を受け継ぐものである．世界的に洋装化がなされた現在，民族の知恵と工夫によって生み出され，民族の生活する地域に根差して民族の美的表現を担ってきた民族服について再び考えてみることが必要ではないだろうか．

〔佐々井　啓〕

4 衣服の設計と生産

4.1 衣服の素材

　衣服は第二の皮膚といわれるように，私たちの日々の暮らしにおいて欠かすことができないものである．快適な衣生活を過ごすためには，衣服の素材についてその種類や性能などを十分に理解し，その知識に基づいて衣服を購入したり，その時々の状況に合わせて着用する衣服を選んだり，洗濯や保管などの取り扱いを考えていく必要がある．

　衣服は誰もが知っているとおり，ふつうは布地で作られている．なぜ，布は服の材料として使用されるのだろうか．まず第一に，柔らかくて，引っ張ったり曲げたりすると簡単に変形することがあげられる．布はこのように変形しやすい素材であるため，複雑な形をしている人間の体をうまく包み，体の様々な動きにも追随することができる．第二に，体から出る汗や水蒸気などの水分を吸い取って外に放出し，暑い時は熱を逃がし，冬場の寒さに耐えるための保温性があるなど多くの機能を兼ね備えているため，人体を保護する素材として優れているからである．

　布の性質や性能はその原料である繊維が持つ特性だけでなく，製造方法の影響も大きく受ける．そこで，ここでは繊維およびその製品を中心に解説していくことにする．

a. 繊維の種類とその特徴

　まず，繊維とはどのようなものをいうのであろうか．布（織物）の成り立ちを見てみると，布をほどくと糸になり，その糸をほぐすと糸はさらに細いものが集合して作られていることがわかる（図4.1）．この細いものが繊維である．

　繊維とは，JIS L 0204-3（日本規格協会, 2008）によれば"糸，織物などの構成単位で，太さに比べて十分の長さをもつ，細くてたわみやすいもの"

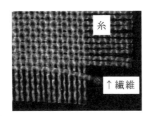

図 4.1 布の成り立ち

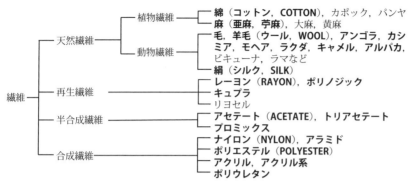

図4.2　衣料用途の繊維の種類

と定義されており，直径の数百倍以上の長さがある細くて長いもので，紡績して糸にしたり布にしたりするなどの加工に耐えるだけの強さをもつものをいう．

繊維は高分子（ポリマー）が構成単位であり，高分子は比較的小さい分子量の単量体（モノマー）が直鎖上に連結してできている．繊維内部の構造は高分子が整然と配列した結晶部分と配列の乱れた非結晶部分からなる．結晶部分は繊維の強さ，硬さ，耐熱，耐薬品性，寸法安定性などに寄与し，非結晶部分は繊維の伸度，剛軟性，吸湿性，染色性などと関係している．

図4.2に衣服に使われている主な繊維の分類を示す．太字で示した繊維は，家庭用品品質表示法による指定用語である（6.1節参照）．

繊維はまず天然繊維と化学繊維に大きく分けられる．さらに天然繊維は植物繊維と動物繊維に，化学繊維は天然高分子を原料にして作られる再生繊維と天然高分子の一部を化学変化させて原料にした半合成繊維，合成高分子から製造される合成繊維に分けられる．

1）天然繊維

人類が最初に身にまとったものは毛皮などの獣毛繊維であったと考えられている．次に古い繊維は麻で，亜麻（リネン）は4000～5000年前からエジプトやメソポタミヤで栽培されており，最も古い麻織物がエジプトのファイユム遺跡から発見されている．綿は4500～5000年ほど前からインドやペルーで栽培されており，その後ヨーロッパに伝わった．絹は紀元前2700年ごろ，中国で養蚕が始められたが，その方法は長い間門外不出であった．諸説あるが，その後5世紀ごろ，中国の王女が他国に嫁ぐ際，蚕種を隠して持ち出したともいわれ，その後，養蚕の技術はヨーロッパへと伝わった．羊毛はメソポタミヤが発祥といわれ，紀元前3200年ごろには毛織物工場が作られていた．もともと羊の毛は柔らかくて長い毛のみが生えていたわけではなく，長い年月をかけて品種改良が行われてきた．

古くから人間の衣生活をはぐくんできたこれら4種の繊維，すなわち，綿，麻，絹，羊毛を四大天然繊維と呼ぶ．

① 綿

綿繊維は図4.3（a）の綿花（コットンボール）から得られ，主成分はセルロースである．外観は，側面は図（b）に示すように天然のよじれがある扁平なリボン状で，断面は図（c）のようなそら豆あるいは馬蹄形のような形をしておりルーメン（中空）がみられる．この天然のよじれがあるため繊維を糸に紡績しやすく，断面が円ではなく扁平であるため曲げ柔らかい．その他，しわになりやすい，洗濯収縮しやすいなどの欠点もあるが，吸湿性に富み，丈夫で水に濡れると強度が増すという特徴があり，アルカリに強く洗濯や漂白がしやすい，熱に強くアイロン温度が高いなど，洗濯などの取り扱いがしやすい素材である．

② 麻

衣料用として使われている麻は，苧麻（ラミー）と亜麻（リネン）である．麻の側面にはたて筋とよこ方向に節があり，断面は五〜六角形あるいは楕円形をしており，綿と同様に繊維の真ん中にルーメンがある．

麻は綿と同じくセルロースが主成分で，吸湿性に優れる．繊維が硬くしわになりやすい素材ではあるが，肌にまとわりつかず，接触冷温感が高く夏用の衣料に適している．

③ 羊毛

羊毛はケラチンというたんぱく質の繊維で，側面の形状は図4.4のように表面にうろこ状の鱗片（スケール）があり，フェルト化（縮絨）を起こす原因となっている．天然のちぢれ（クリンプ）があるため，毛製品は弾力性があり，かさ高で保温性が高く，暖かい．羊毛は非常に高い吸湿性を有するが，繊維表面は撥水性があることも大きな特徴である．また，アルカリに弱く洗

  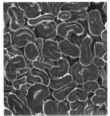

(a) コットンボール　　(b) 綿の側面　　(c) 綿の断面

図4.3　綿

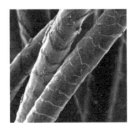

図4.4　羊毛の側面

濯でフェルト化し縮んだり，ちくちくしたり，かびが発生したり虫害を受けたりしやすいなどの欠点もある．

④絹

絹は蚕が作った繭（図4.5(a)）から採取される繊維で，たんぱく質からなる繊維である．絹は三角形に近い断面であるため（図(b)），繊維に当たった光が屈折，分光し美しい光沢を持つ．感触が柔らかく，吸湿性に優れ，染色性もよい．毛と同様にアルカリに弱く，虫害を受けやすい．また，耐光性が悪く日光に長時間あたると黄変する．

2) 化学繊維

絹を模倣して生まれた最初の化学繊維がフランスのシャルドンネによる硝酸セルロース繊維（図4.6）で，1889年のパリ万国博覧会に出品され，注目を浴びた．この功績により彼は伯爵の称号を得た．翌年以降，銅アンモニアレーヨン（キュプラ），ビスコースレーヨン，アセテートが発明され，そして，1935年ナイロン，1941年ポリエステル，1942年アクリルと，次々と合成繊維が発明された．ナイロン，ポリエステル，アクリルを三大合成繊維という．

①再生繊維

レーヨン，ポリノジック，キュプラ：木材パルプやコットンリンターといわれる綿花から綿をとった後の短い繊維などを溶解して作られる．主成分はセルロースで，吸湿性，染色性等に優れている．しかしレーヨンはしわになりやすく，湿潤時の強度低下が大きいという欠点がある．ポリノジックはその欠点を改良した改質レーヨンである．キュプラは絹に似た光沢や風合いを持つ．

②半合成繊維

アセテート：リンターパルプに酢酸を反応させて酢酸セルロースを作り，溶剤に溶かしてから繊維にしたもので，適度な吸湿性があり，天然繊維と合成繊維の中間的な性質を持つ．美しい光沢があり，ブラウス，ドレスなど婦人用衣料に多く用いられる．

 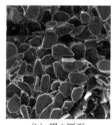 

(a) 繭　　(b) 絹の断面

図4.5 絹　　　　　図4.6 シャルドンネ人絹（人造絹糸）
（東京農工大学科学博物館蔵）

③合成繊維

ポリエステル：最も生産量の多い合成繊維で，耐熱性や弾性回復に優れており，しわになりにくくウォッシュアンドウェア性が良い．丈夫で軽く，熱可塑性*を持つのでプリーツ加工やしわ加工などができる．しかし，吸湿性がほとんどない，毛玉ができやすい，摩擦帯電しやすい，洗濯時に再汚染しやすいなどの欠点もある．このような欠点を補うため，新素材や様々な加工法が開発されている．

服地として幅広く用いられているが，綿，麻，毛など他の繊維と混紡して使用されることも多い．

ナイロン：非常に伸びやすく柔らかい繊維で，摩擦にも強い．しかし，耐光性が悪く黄変しやすいという欠点がある．パンティストッキング，ランジェリー，スポーツウェア，靴下などに使われる．

アクリル：かさ高の紡績糸（バルキーヤーン）を作ることができるのが特徴で，この糸は柔らかな触感があり，風合いが羊毛に似ている．アクリルはセーター，靴下などのほか毛布やカーペットなどに使用される．

ポリウレタン：伸び縮みの非常に大きな繊維で，5～7倍にまで伸びる．単独で用いられるのではなく，他の素材と混ぜて使用される．ストレッチ素材，ファンデーション，水着，レオタード，ストッキング，靴下，サポーター，伸縮包帯など伸縮性素材に用いられている．

*繊維を加熱することによって軟化変形し，冷却するとその形状のまま固化する性質．

b. 糸の種類とその特徴

1）糸の種類（表4.1）

糸の種類については様々な視点から分類できる．繊維素材による分類では綿糸，麻糸，毛糸，絹糸，レーヨン糸，ナイロン糸，ポリエステル糸などに分類できる．撚りの程度や合糸に着目した分類では，強撚糸，甘撚り糸，単糸，双糸，もろ撚り糸，引き揃え糸などに，用途による分類では縫い糸，織糸，編糸，レース糸などに分類できる．

しかし，ここでは糸を構成する繊維の長さに着目した分類について述べることにする．繊維には表4.1に示すように，綿や羊毛など長さが数cmから数十cmのステープル（短繊維）と，紡糸されて作られる化学繊維のように何千mもの長さを持つフィラメント（長繊維）とがある．絹は1つの繭から1000m以上の繊維が採取できるのでフィラメントとされる．絹は天然繊維の中での唯一のフィラメントである．

①スパン糸（紡績糸）

ステープルを平行に並べ撚り（より）をかけて糸にしたものをいい，この糸の製造工程を紡績という．綿，麻，羊毛は紡績しないと糸にはならない．フィラメント繊維はステープルにしてから紡績糸にする．

撚りには繊維どうしに摩擦力を与えて繊維が抜けないようにして糸に強度を与え，糸のまとまりをよくして形状を整えるなどの役割がある．

表 4.1 天然繊維の太さと長さ

繊維の種類		太さ（幅）(μm)	長さ (mm)
綿	海島綿	15～17	45～55
	エジプト綿	16～18	30～45
	米綿	18～20	25～35
	インド綿	20～24	20～30
麻	亜麻	15～24	20～30
	ラミー	20～80	20～200
毛	羊毛（メリノ種）	18～27	70～110
	羊毛（英国種）	27～54	80～300
	モヘア	23～43	100～300
	カシミア	15	30～125
絹	家蚕絹	16	1200 m

図 4.7 紡績糸とスパン糸の外観
（いずれも #60）

紡績糸の外観は，繊維が糸表面から飛び出して毛羽があり，太さムラがある（図 4.7）．

②フィラメント糸

フィラメントをひきそろえて糸にしたもので，撚りのあるものとほとんど無いものがある．フィラメント糸の外観は，図 4.7 からもわかるように，紡績糸と比較して太さが均一で光沢がある．

2）糸の太さの表し方

糸は多くの繊維で構成されるが，撚りの程度で見かけの太さが変化し，太さが均一ではないため，見かけの太さで表すことは難しい．そのため，糸の太さは糸の重量と長さを用いて表示する．糸の太さを番手と呼ぶ．

番手には一定の重量の糸の持つ長さで表す恒重式番手と，一定の長さの糸の重量で表す恒長式番手とがある．恒重式は基本的に紡績糸に用いられ，綿番手やメートル番手などがあり，糸が太くなるほど番手の数値は小さくなる．恒長式には，デニール，テックス，デシテックスがあり，糸が太くなれば番手の数値は大きくなる．

c. 布の種類と衣服素材としての要求性能

1）布の種類とその構造的特徴

布はその製造法によって，大きく織物，編物，不織布に分けられる．その他に，レース，組み物，皮革などがある．

①織物

織物はたて糸とよこ糸を一定の規則（織物組織）に従って交錯させて形成した布で，主な組織には平織，斜文織（綾織），朱子織があり，これらの組織は三原組織と呼ばれる．三原組織の外観を図 4.8 に示す．

平織：たて糸とよこ糸が 1 本ずつ交互に上下して交差した組織で，織物組織の中で最も単純な組織である．交錯点が多く丈夫な布で，この組織の織物にはブロード，ローン，ギンガム，ちりめん，タフタ，モスリンなどがある．

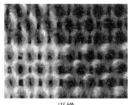  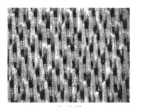

平織　　　　　　　斜文織（綾織）　　　　　朱子織

図 4.8　織物の外観

斜文織：たて糸，よこ糸それぞれが 3 本以上で構成され，斜めの方向にうね（斜文線あるいは綾線という）が見える組織である．斜文線は右上がりと左上がりがある．平織よりも地合いは緩くなる．ギャバジン，サージ，デニムなどがある．

朱子織：たて糸とよこ糸との組織点をなるべく少なくして，その組織点を連続させないように分散させて織物表面にたて糸（あるいはよこ糸）を長く浮かせた組織である．朱子織は組織点が浮き糸（布の表側に出ている糸）に覆われてほとんど表面に現れないため，表面がなめらかで光沢を持つ美しい外観となる．綿サテン，アセテートサテン，ドスキンなどがある．

その他，上記の三原組織（基本組織）を元にした変化組織（畝織，斜子織など），たて糸とよこ糸あるいはどちらか一方が二重以上になっていて表裏で組織や色柄の異なるものができる重ね組織（ピケ，風通織など），パイルを持つ添毛組織（タオル，ビロード，別珍，コーデュロイなど），たて糸が絡み合いながらよこ糸と交錯するからみ組織（絽，紗など），たて糸とよこ糸の交錯を変化させて織り模様を出す紋織組織などがある．

②編物

編物は糸をループにしてこのループを連結させて形成された布で，たて編とよこ編とに分類される．よこ編の代表的な組織には平編，ゴム編，パール編，両面編（スムース），鹿の子編などがあり，たて編にはハーフトリコット編，クインズコード編などがある．平編とハーフトリコット編の外観を図 4.9 に示す．

よこ編は一般に織物と比較して伸縮性が大きく，柔らかでしわになりにくい．ループの中など糸間に隙間があり含気率が大きいため，保温性や通気性

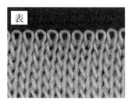   

よこ編（平編）　　　　　　　　　たて編（ハーフトリコット）

図 4.9　編物の外観

に富む．しかし，型くずれや洗濯収縮が起こりやすい，毛玉ができやすい，伝線が生じやすいなどの欠点がある．たて編はよこ編と比較して伸縮性が小さく，ほつれにくい．よこ編は，肌着，Tシャツ，セーター，靴下などに，たて編は婦人ランジェリー，水着などによく用いられる．

③不織布

不織布は繊維から直接布として製造された布で，繊維を集めてシート状にし，それを熱的，機械的，接着剤などにより固定化して製造される．サーマルボンド，ステッチボンド，ニードルパンチ，レンジボンド（ケミカルボンド）などがある．

不織布は一般に変形しにくいため，衣服材料としては芯地に多く用いられている．その他キルティングの中綿やパットとして使われる．また，シーツ，枕カバー，マスク，おむつ，生理用品，ウエットティッシュなどのディスポーザブル品や，フィルター，カーペットなどにも数多く使用されている．

④レース

レースは図4.10のように透かし模様のある布の総称で，代表的なものに，編みレースのラッシェルレース，刺繍レースのエンブロイダリーレースやケミカルレース，ボビンレースのリバーレース，トーションレースなどがある．

⑤組物

織物と同様に2組の糸を互いに交錯させて作られるが，図4.11からもわかるように，糸が布の長さ方向に対して斜めの方向を向く．テープ状の平打ち組物と円筒状の丸打ち組物がある．

図4.10　レース地の外観（リバーレース）

図4.11　組物の外観

⑥皮革

天然皮革と人造皮革がある．天然皮革には，獣皮を毛の付いたままなめした毛皮と脱毛してなめした皮革がある．人造皮革には，織物などの基布に樹脂をコーティングした擬革，合成皮革，人工皮革がある．

2）衣服素材（布地）の性能

衣服には着用時の快適性が求められると同時に，着用や洗濯などの取り扱い時の機械的作用に対する耐久性も必要で，衣服の素材には様々な性能が要求される．ここでは，特に運動機能性に関与する力学的特性と保健衛生的性

能について取り上げる．

①力学的特性

衣服着用時に布は複雑な体の曲面と動作によって，様々な変形が複雑に生じる．人体の動きに布が追随して変形すれば，さほど拘束感，圧迫感を受けずに済む．動作性における快適性に大きく影響する性質としては，布の伸びやすさ，曲がりやすさ，せん断しやすさ，そして滑りやすさが重要なファクターとなる．ここでは，布の伸びとせん断変形特性について説明する．

引張特性：図 4.12 に様々な布地と皮膚の応力-ひずみ曲線（強伸度曲線）を示す．横軸が伸び，縦軸が引張に伴う力である．伸びと力の関係は直線関係ではなくカーブした非線形で，また布の引張特性は人間の皮膚の引張特性とよく似ている．そのため，布の変形挙動が人体の変形挙動とよくなじむのだと考えられ，変形しやすい布地であれば，動きに伴う拘束感が軽減する．

ここで，織物と編物の比較をしてみよう．グラフから，一定荷重（布幅 1 cm あたり 1.96 N）をかけたとき，編物は織物に対して 10 倍以上伸びていることがわかる．編物は糸がループ状になっているため，このループが小さな力でも容易に伸びる．編物で作られている T シャツやポロシャツ，ジャージなどの体操着や部屋着は伸びやすく締め付けが少ないので，運動したりゆったりくつろいだりするのに適している．

せん断特性：糸は図 4.7 に示した外観写真から，繊維と繊維の間には隙間があり，繊維どうしは完全に拘束されていないことがわかる．また，図 4.1 および図 4.8〜4.11 の布の外観写真を見ると，糸と糸の間には隙間がある．このことは糸内の繊維どうしが拘束されていないのと同様，糸どうしも完全に拘束されていないことを示している．そのため，布はせん断しやすいという特徴を持つ．図 4.13 に示すように，布の一端（図中では布の下側の辺）で固定した状態で，布の上側を右側にずらすと，四角い布が平行四辺形になる．これをせん断変形といい，横ずれのしやすさをいう．この斜めになった状態で，たて糸とよこ糸を見ると，もともと直角だった角度が変わっていること

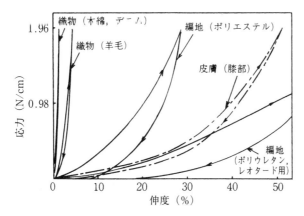

図 4.12　布地と皮膚の応力-ひずみ曲線（丹羽編著，1997）

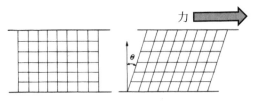

図4.13 布のせん断変形

がわかる．布中の糸どうしが拘束されていないため，このような現象が起こる．紙やビニールシートでは，斜めにしわが入ってしまい座屈を起こして，うまくせん断変形できない．

以上のように，布は一般に変形しやすく，伸びやせん断変形，ここでは言及しなかったが曲げ変形もしやすいため，局面で構成され複雑な形状をした人体を覆ったり，体の動きを妨げないようにすることに適している．

②保健衛生的性質

保温性：私たち人間は，衣服と皮膚の間の衣服内気候が温度32℃前後，湿度50％前後のとき，快適であると感じるとされる．暑くもなく寒くもなく過ごすにはどうしたらよいのか．保温性は，布の含気率，熱伝導率，通気性などと密接に関係している．

せん断のところでも述べたように，繊維と繊維の間，糸と糸の間には隙間があり，その隙間には空気が存在する．すなわち，布は繊維と空気の複合材料といえる．

表4.2に物質の空気の熱伝導率を1としたときの他の物質の熱伝導率を示す．繊維の熱伝導率は金属や水と比較するとかなり小さく，空気の熱伝導率はさらに小さいことが示されている．つまり，私たちの身のまわりで一番熱を伝えにくい物質が空気であることがわかる．したがって，布中の含気率が高くなると保温性は高くなる．キルティング布や羽毛素材の保温性が高いのは，中綿や羽毛の含気率が高く空気を多く含むためである．

しかし，含気率が高いということは隙間が多いということで，通気性も大きくなり，風が吹けば温かい空気が流されてしまう．温かさを保つためには空気を布の中に静止させておくこと，すなわち静止空気を作ることが重要で，キルティング素材は含気率の高い中綿を密に織られた外生地で覆い，温められた空気を外に逃がさない構造になっている．

吸湿性と吸水性：吸湿性と吸水性は混同しがちであるが，両者は異なる性質である．吸湿性は気体の水分（水蒸気）を吸収する性質で，吸水性は液体の水分を吸収する性質をいう．

吸湿性は水蒸気を繊維表面や繊維内部に吸収

表4.2 空気を基準とした各素材の熱伝導率の相対値（島崎編著，2007）

素材	熱伝導率相対値（空気＝1）
空気	1
水	23.3
繊維	8.3〜12.5
毛布	1.7
綿布	3.3
フェルト	1.7
鉄	3,480
金	13,292

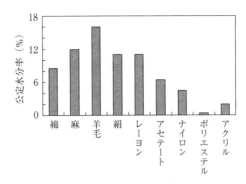

図 4.14 繊維の公定水分率

する性質で，吸湿量の程度は水分率によって表される．図 4.14 に各種繊維の公定水分率を示す．綿，麻，レーヨンのセルロース繊維や羊毛や絹などの動物繊維は水と結びつきやすい親水基を持つため吸湿性が高いが，ポリエステル，アクリル，ナイロンなどの合成繊維は吸湿性が小さい．

吸水性は液体の水分を毛細管現象により繊維間や糸間隙などに吸い上げる性質で，人体からの発汗などによる水分を衣服が適度に吸収し放散することにより快適性を得ることができる．吸水性は繊維表面の性質や布の構造に大きく影響される．たとえば羊毛は吸湿性が非常に高い繊維であるが，吸水性は悪い．これは，羊毛の繊維表面にはスケールがあり撥水性を持つためである．

透湿性：体から水蒸気，すなわち蒸発した汗が衣服内にあると，ムレ感を生じる．この湿気を外に放出する性質を透湿性といい，通気性同様衣服内の空隙が大きいほど厚さが薄いほど，透湿性は高くなる．

通気性：空気は繊維間や糸間の隙間を通って移動するが，このような空気を通す性質を通気性という．一般に，織り糸密度が粗く含気率が高く，厚さの薄い布地は通気性が大きい．繊維の種類には関係なく，布の構造によって通気性の大小が決まる．通気性の良い布地は人体から発生する熱を拡散させ，夏は涼しい着方ができる．

d. 仕上げ加工

一般に繊維製品は染色されている．染色には繊維や糸の段階で染色する先染めと，布になった後に染色する後染めがある．また，染色方法としては糸や布を染浴に浸けて着色する浸染と，布に手描きやプリントなどで模様をつける捺染がある．

染色された布は，風合いを整えたり，新たな機能を付与したりして付加価値をつける仕上げ加工が施される．主な加工について，以下に簡単に述べる．

樹脂加工：繊維製品全体に樹脂を浸漬して固定化する．防しわ性の向上，防縮効果が得られる．生地の強度を低下させるという欠点がある．

シルケット加工：綿糸や綿布を水酸化ナトリウム溶液で処理する．絹のような光沢が得られるとともに，強度，吸湿性，染色性が増す．マーセル化と

も呼ばれる．

　サンフォライズ加工：織物を強制的に収縮させて，それ以上収縮しないようにする加工で，綿布や麻布の防縮に用いる．

　アルカリ減量加工：ポリエステルを強アルカリで処理して繊維表面を溶解させ，繊維を 15〜30％ 細くする加工である．柔らかくしなやかな風合いの布地を作ることができる．

図 4.15　SEK マークの一例

　抗菌・防臭加工：抗菌製剤を繊維に練り込んだり吸着させたりして菌の繁殖を抑え防臭効果を得る加工で，殺菌ではない．繊維評価技術評議会による安全性の審査に通った製品には SEK マーク（図 4.15）をつけることができる．

　これらの他にも防水加工，撥水加工，透湿防水加工，吸汗速乾加工，UV カット加工，防汚加工（汚れを付きにくくする SG 加工，付着した汚れを落ちやすくする SR 加工）など多くの仕上げ加工がある．　　〔松梨久仁子〕

4.2　衣服のデザインと生産

a.　衣服の企画

　近年，アパレルの生産は労働コストの低い海外生産が主流となり，国内生産はほとんど行われていない．ファッションアパレル製品はグローバルな取引が展開され，通信販売，インターネット販売などの通信メディアを媒体とした商取引が拡大している．こうした市場動向に対応するために生産者は，適切なデザイン，素材の選択を行うとともに，着用対象別の体型，サイズ情報をこれまでよりさらに詳細に把握する必要がある．

　衣服の企画はマーケティング政策，ファッション情報分析，素材情報収集からはじまる．企画対象商品のポジショニング（ターゲットの位置づけ），サイズ，形態，素材構成，縫製などについて分析し，ターゲットに対応させて商品の企画を行うが，社会経済情勢を的確に捉え，ファッション予測をし，リスクを軽減することが不可欠である．同時に商品を市場に送り出すためのセールスプロモーションも重要な位置づけにある．

　生産工程の決定においては素材や縫製の際の技術的情報が加味され，スタイルやデザインのみではなく，素材の組成，基本物性，色，柄，風合いなどが重要な要素となる．衣服の企画のプロセスの概念を図 4.16 に示す．

1）衣服の設計

　企画を具体化するのが衣服の設計である．衣服の設計に要求される性能は，①顧客へのアピール性，②着用時の快適性，③着やすさ，④耐久性，取り扱いやすさである．顧客へのアピールには色や柄，流行，着用目的，デザイン，サイズなどが関係する．衣服着用時の快適性には，素材の通気性，保温性，吸湿・吸水性，伸度，厚さ，重量，風合いなどの素材特性が関係し，重要な

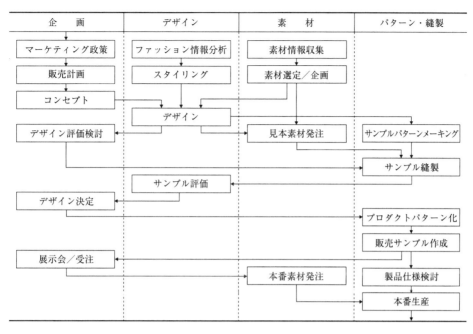

図 4.16 アパレル商品企画のプロセス概念図（日本衣料管理協会編，2012）

要素となる．また快適性にも着やすさにも衣服のフィット性が関係し，体型に適合するパターンの設計が求められる．したがってターゲットとなる年代の体型特徴を的確に捉え，パターンやサイズに生かす必要がある．また衣服の快適性を向上させるためには動作適合性を配慮する必要がある．これにはストレッチ素材を用いるのも一方法であるが，適切な部位に適切なゆとり量を配置してパターン設計を行うことが重要で，たとえば腕の動作に伴う伸展の大きい背部アームホール付近には特にゆとり量が必要である．また，衣服パターンを様々な体型に適合させる必要があり，そのためのサイズ設定や体型分析は不可欠である．体型を三次元形状から二次元に展開する三次元パターンメーキングや三次元グレーディングも進展している．

また，耐久性，取り扱いやすさは衣服素材の可縫性や消費性能に関わる．衣服設計上配慮すべき衣服素材の性能は，裁断のしやすさ，縫製のしやすさ，仕立て映えすることであるが，さらに，着用中型崩れしないことや，着用後の手入れのしやすさも求められる．

2）アパレル CAD から生産まで

ブランドコンセプト，情報収集，分析に基づき企画された衣服のデザインが考案され，デザインパターンが作られると，アパレル CAD（computer aided design）システムによりコンピュータに型紙が入力され，ファーストパターンが作製される．そしてサンプルメーキングを経て，プロダクトパターンが作成され，縫い代つけ，サイズ展開であるグレーディングが行われ，型紙配置のマーキングが行われる．これに細部の縫製要領を記載した縫製仕様書をつけて縫製メーカーにデータが送られ，衣服が生産される．

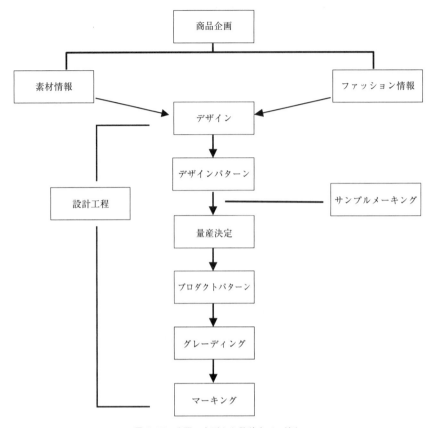

図4.17 衣服の企画から設計までの流れ

　なお，アパレルCADシステムとはコンピュータを用いたパターンメーキングのことで，ファーストパターンはデザインパターンともいいデザイナーの求める美しさ，シルエットを重視してパタンナーがはじめに作図するものである．サンプルメーキングとは量産パターン前のデザインパターンを用いてイメージを確認するために布で試作する工程である．サンプルメーキングにはコスト削減のため，仮想着装システム（virtual fitting system）も利用されている．このシステムは，パターンと素材情報を用いてバーチャルボディ（仮想人体）に着装させるものである．これらの工程を経てプロダクトパターンが作製されるが，プロダクトパターンとは縫い代やグレーディング（サイズ展開）を施し必要なパーツすべてを揃えた量産用のパターンである．その後，マーキングが行われ，衣服の生産工程へと進む．これらの衣服の企画から設計までの流れを図4.17に示す．　　　　　　　　　　〔大塚美智子〕

b. 衣服のデザイン

　衣服には生理衛生，運動機能，肉体保護，標識類別などの目的や要求があるが，とりわけ審美性が満たされるか否かは，"個性"や"自分らしさ"を重要視する昨今，自己表現の一つであり毎日着用する衣服だからこそますます

求められる大切な要素である．着る人の体形にフィットし，機能性も兼ね備え，より美しく見せることのできる衣服をデザインするためには，その原理を理解しなければならない（4.2節a.参照）．

衣服をデザインする際にまず重要となる点として，これからのトレンド傾向の推定，季節の設定，マーケットや顧客ターゲットの特定，消費動向分析，収益性のある生産体系の計画などが挙げられる．製品企画の際には，最小のリスクでより大きな売り上げを上げられるよう，市場調査や様々な情報の収集と分析が不可欠である．

デザインのインスピレーションソースとなるものは，自然，歴史，文化，芸術，映画，音楽，舞台，旅，建築物，最新技術の素材やトレンド予測など種々あり，選んだテーマをリサーチし研究することにより衣服のデザインに発展していく．そして実際にデザインをする際に考慮すべき主な要素としては，衣服のシルエットと特徴，丈やゆとりなどのプロポーション，ライン，色，素材や質感，機能，ディテール，装飾，市場性などがあり，それらの要素を踏まえて衣服をデザインしていく．衣服のデザインはこれらの工程を経て完成し，コレクションとしてショーなどで発表されたオートクチュール（高級注文服）やプレタポルテ（高級既製服）の作品は，次シーズンのアイテム・シルエット・素材・カラーなどのトレンドとなり，流行と化して拡がっていく．

1）形態とデザイン

ファッションショーなどで，衣服を目にする際にまず意識されるのは全体の形態，シルエットであり，重要かつ基部となるデザイン要素である．シルエットとは輪郭，ライン，フォルム，スタイルなどを意味し，今日衣服に見られる数々のトレンドに対し，"ライン"，"スタイル"，"ルック"など，ほぼ類義の用語により表現されているが，スタイルは広く普及し様式化されたものを指す．第二次世界大戦直後の1947年，42歳で初コレクションを行ったクリスチャン・ディオールの作品は，これまでに見られない斬新なデザインの服であり，ニュールック（図4.18）と評された．その後急逝する1957年までの約10年間，Aライン，Hライン，Yライン，オーバルラインなど，毎シーズン次々と新しいラインを発表し話題となった．このように過去の有名デザイナーたちは全く新しいデザインとして数々のラインを打ち出してきたが，現在それらは一般に浸透し周知のものとしてデザインに使用されている．代表的なラインと分類を図4.19に示す．

シルエットに大きく関わる要素は身体に対するフィット感やボリューム感であり，素材の質感による影響も大きい．シルエットにより与えられるイメージも様々で，たとえばフィットアンドフレアーラインは上半身を体にフィットさせスカート部分はフレアーで広がるものであるが，クラシックで女性らしさやエレガンスを感じさせる衣服となる．対してVラインは肩幅を強調した直線的なラインで，男性的でシャープな印象を与える．このように直線

72   4. 衣服の設計と生産

図4.18 ニュールック（クリスチャン・ディオールのウェブサイトより引用，http://www.dior.com）

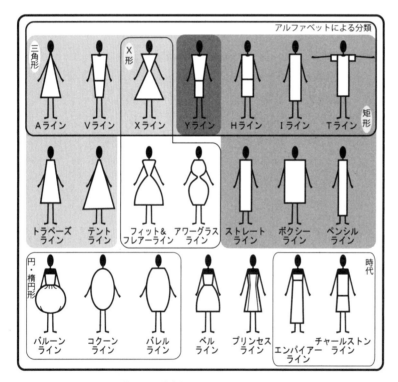

図4.19 代表的な衣服のラインと分類

的か曲線的か，体に対しタイトかルーズかなどによって衣服のイメージは大きく異なり，衣服に個性が表れる．シルエットは360°すべての角度から考慮しデザインすることも忘れてはならない．

2）プロポーションとデザイン

　衣服におけるシルエットは全体像であるが，プロポーションは身体を分割しラインを作ることを指す．女性の体はバストラインやウエストラインなどの基準点で分けることができるが，衣服のデザインの際にはこの基準点を意

識しラインを設計していくことに加えて，それによる視覚効果，見た目のバランスをいかに図るかが重要である．衣服におけるラインは，シームやダーツ，裾線などがあり，縦線，横線，斜線，直線，曲線などの線形で表現される．これに色や素材の要素が加わることで無限のデザイン表現が可能となる．

　プロポーションやラインのデザイン効果の基本概念は，縦方向のラインは視線が垂直方向に誘引され高さを認識させるためより長く見え，横方向のラインは視線が水平方向に誘引され幅を感じさせるため広がりを強調するということである．斜線は注視性があるため動的でダイナミックなイメージとなるが，その角度により，縦線，横線のデザイン効果に近づいていく．また，直線は強さや男性的，曲線は柔らかく女性的などといった印象を与え，これら線形は線の太さ細さによっても力強さや鈍さ，繊細さや鋭さなどのイメージが付加される．

　ラインに関わるデザイン構成として，人体の正中線に対して左右対称であり，安定感のある"シンメトリー"，左右非対称で表現に変化があり，動感やアクセント効果を生む"アシンメトリー"といった全体のバランスに関するもの（図4.20），規則性を持たせた繰り返しのデザイン構成で，動感や安定感を生む"リズム"などがある．また，錯視（図4.21）による視覚効果はより良いプロポーションに見せる可能性を持つ．そのためライン設計をはじめ

図 4.20 デザイン構成の例

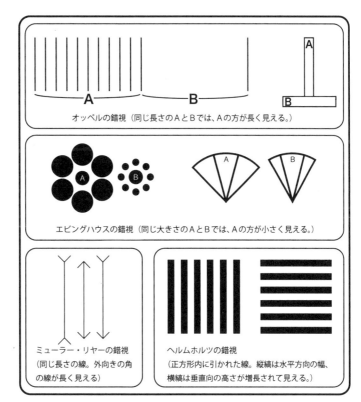

図 4.21 プロポーションに活用できる錯視の例

テキスタイルや色のデザイン，衣服着装時のコーディネートなどに応用すると有効である．こういった原理を踏まえてラインのデザインをしていくことにより，いっそう美しいデザインとなる．

3) 色彩とデザイン

衣服のデザインにおいて，色はその組み合わせによって服の持つ雰囲気や印象が変化し，淡い色は春夏，重厚感のある色は秋冬など，季節感ももたらす重要な要素である．色の選択やコーディネーションは好みによるところも大きいが，色彩理論の基礎知識があることが望ましい．

カラーコーディネーションには色相やトーンを基準とする方法がある．たとえば同一色相やトーンによる配色は基本的にはまとまり感のあるコーディネーションとなり，補色とされる反対色相では色の差が鮮明で，特に高彩度ではインパクトの強い配色となる．対照トーンによるコーディネートでは，明度差や彩度差によって色彩効果が異なる．これら様々な理論を踏まえたうえで，合理的に配色を検討するとよい．

4) 素材・質感とデザイン

素材は視覚的にも触覚的にもデザインに影響を及ぼす重要な因子である．風合い，厚み，ドレープ性など，生地の特性によって服のシルエットは大いに変わってくることから，デザイン以前に生地の種類や特徴，性質を識ることが大切である．デザインする衣服の目的に即した性能，機能を備えているか否かも素材選択の一つの指標となる．当然ながら美的観点からも素材の見た目や雰囲気，質感などは重要であり，生地に直接触れてその触感や重量感，ドレープ感などを確かめ吟味することにより，デザインした衣服に最も効果的な素材の選定を行う．一般的には季節によっても使用する素材の重量や質感などが異なり，春夏では薄手の生地，秋冬では厚手の生地などが多用される．最近では薄い生地に張りのある革を合わせるなど，"ハイブリッド使い" と呼ばれる異素材の組み合わせや，夏物にスエードを使用するなど，季節を問わず様々な素材を取り入れたデザインの衣服が散見される．このような固定概念に縛られず自由な発想の素材使いは，次々と開発される新素材の登場も相まって，今後ますます進化した形で継続していくとみられている．

〔滝澤　愛〕

c. 人体の捉え方と衣服のパターン

パターンメーキングの基礎となるのは，人体計測データとそれに基づく体型と衣服サイズである．

1) 各種人体計測法

①一次元的計測

身体部位を直接計測する方法は，人類学や人間工学の計測に用いられているマルチン法による計測が一般的で，被服学の領域にも応用されている．マルチン法では，巻尺，杆状計，滑動計，触覚計などを用い，身体の体表の長

さ，幅，厚み，高さなどを計測する．得られた一次元データは，たとえば，幅と厚みを組み合わせることにより，厚みのある体型，扁平な体型というような三次元的な情報として活用することができる．二次元の布から三次元の衣服を設計していくために適した計測方法である．計測に大がかりな装置を必要としないため，必要なときにいかなる場所でも計測できるという利点があるが，人による直接計測なので，計測に時間がかかり，計測誤差も大きい．したがって，計測基準点の正確な設定を行うことが重要で，計測者の熟練を要する．

②三次元的計測

身体の立体形状を計測する方法には，レーザー，電磁波，超音波，発光ダイオードなどを利用したマイクロセンサーで，身体の寸法，凹凸の情報を読み取り画像表現する非接触三次元計測法がある．これらの方法は，短時間で体型を計測することができ，静止時のみならず動作時の体型変化も短時間に三次元画像データとして捉えることができるので，体型の詳細な分析や衣服の快適性追求に有効な計測法である．

2）体型の捉え方

人の体型は，全身の総合的情報として，身体の大小，肥痩度，プロポーションなどにより大まかに分類されるが，一般的には，身長と体重の値から算出される指数で示される．たとえば，体格指数として用いられる BMI（body mass index）は体重(kg) ÷ 身長^2(m)，カウプ指数は［体重(g) ÷ 身長^2(cm)］×10，身体充実指数のローレル指数は［体重(kg) ÷ 身長^3(cm)］×10^7，体格，栄養指数のベルベック指数は｛［体重(kg) ＋ 胸囲(cm)］÷ 身長(cm)｝×100 の値で表され，体型分類の目的に応じ用いられている．胴部のシルエットについては反身，屈身，ずん胴，胴くびれなど，肩部の形状については，なで肩，いかり肩などに分類される．身体サイズ，形状への適合性の高いパターンメーキングを行うためには，より詳細な，サイズと体型の類型化が必要となる．

また，これらを捉えたうえで，代表的人体形状にゆとり量を加えた工業用人台の開発もパターンメーキング上不可欠である．

3）衣服パターン

衣服パターンは，体型情報に衣服デザインと素材の情報を加えて設計される．すなわち，人体という三次元の複曲面を二次元の平面に展開させるという工程に，審美性，嗜好，ゆとり量，素材特性を反映させて行われるものであるため，きわめて感性依存度が高い．パターンメーキングの主な方法は，立体裁断法（ドレーピング），平面製図法（ドラフティング），の2種である．

アパレル生産におけるファーストパターン（デザイン画から起こされる最初のパターン）は，これらの方法を組み合わせて作成される．

ドレーピングにより人体の基本的な原型を採取する際，通常，上半身では人体前面はバストポイント，背面は肩甲骨突起をダーツの頂点として，下半

図 4.22 胴部スローパー

身では前面は腹部の突出，背面は臀部の突出に向けてダーツがとられる．上半身のダーツはデザインに応じてショルダーライン，ネックライン，サイドライン，ウエストライン，アームホールラインなどに向かってとられ（図4.22, 4.23），下半身はウエストラインに向かってとられる．

①ダーツ

ダーツは人体の高い部分を頂点に余剰分をつまむ立体化技法であるが，デザインの効果的表現手法の一つである．衣服の立体形状，素材イメージ，着用者をより美しく表現できるダーツラインを選ぶことは，パターンメーキング上きわめて重要な意味を持つ．

上半身のダーツは，ショルダーダーツ，アームホールダーツ，ネックダーツ，サイドダーツなどに移動でき，これらは衣服の立体形状をより美しく表現するためのデザイン展開として生かされている．

②ショルダーライン

ショルダーラインは，サイドネックポイントとショルダーポイントを結び衣服の前後を分割するラインである．サイドネックポイントは，僧帽筋の稜

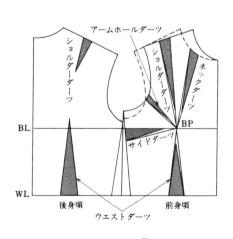
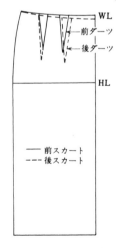

図 4.23 ダーツライン

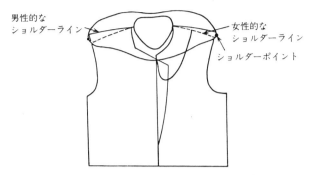

図4.24 ショルダーラインとデザイン

線とネックラインの交点と定められているが,筋肉や脂肪によって構成される部位であるため,正確な設定は難しい.パターンメーキングの際には,肩山の中央で,サイドからみても安定感があり,頸部とのつながりがよく,前後身頃をより美しく分割するラインが設定される.たとえば,男性的なテーラードスーツでは,肩先をやや後にとったショルダーラインを設定している(図4.24).

③アームホールラインと袖の設計

アームホールラインは,一般には腕を自然下垂した状態で設定され,袖パターンも下垂方向に設計される.しかし,動作適合性を高めるためには腕をやや前方に出した状態で設定すると,腕の屈伸運動に対応しやすく,動作時のしわやひずみの少ないアームホールライン,袖パターンが得られる.二枚袖はその代表的な表現法である.

身頃のアームホールラインと袖のアームホールラインは,袖山付近においては異なる曲率を示す.これは身頃のアームホールラインが楕円筒部分を水平断面に近い角度で展開したラインであるため直線的であるのに対し,袖の

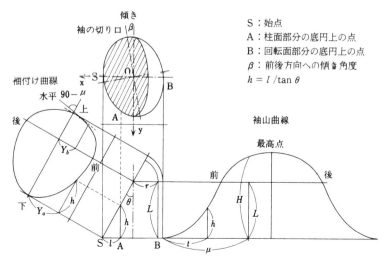

図4.25 袖山曲線への展開図法

アームホールは球状関節を持つ腕付根の楕円弧回転面を斜め方向に切断した断面の展開ラインであり、袖山付近では高い曲率を示すためである。袖のアームホールラインの曲率はこの切断角度によっても変化する（図 4.25）。

以上，胴部の衣服の基本パターンについて述べてきた．プロダクトパターンの作成にあたっては，着用者の体型，サイズを把握し，縫製のしやすさを配慮したデザイン線が設計されねばならない． 〔大塚美智子〕

d. 衣服の生産方式
1) 工業用ミシンの種類と縫製の原理

工業縫製においては，作業能率向上，品質向上のため多様な縫製作業に適した様々な機種のミシンが開発されている．現在，工業縫製においては，分業による流れ作業で衣服は仕立てられており，縫製部位や用途の違いによってきわめて多種のミシンが使い分けられている．その中で，本縫いミシンが中心的な位置を占めるが，ニットやストレッチ素材など伸縮性の高い素材には，オーバーロックミシン，二重環縫いミシン，偏平縫いミシンなどの環縫い系ミシンが多く使用されている．また，すくい縫いミシン（裾まつり，芯地つけなど），ボタンつけ用ミシン，穴かがりミシン，閂止めミシンなどの多くの専用ミシンも使用されている．場合によっては，接着縫製も行われる．以下によく使用される工業用ミシンについて，その概要を説明する．

①本縫いミシン

釜の回転により，針糸（上糸）とボビン糸（下糸）が交差してステッチが形成される最も広く使われているミシンである．縫い目にあまり伸縮性がないため，ニットやストレッチ素材への使用は適当でない．

②二重環縫いミシン，偏平縫いミシン

2種類あるいはそれ以上の糸を絡めてステッチが形成される．表を見ると本縫いミシンのようなステッチであるが，裏から見ると糸がチェーン状になっており，縫い目に伸縮性がある（図 4.26（a））。

2本針や3本針のミシンを偏平縫いミシン，4本針のミシンをフラットシーマといい，針糸の間を上飾り糸や下飾り糸が渡っている（図（b））．ニット縫製によく用いられる．

③オーバーロックミシン（縁かがり縫いミシン）

針糸とルーパー糸（下糸）が絡み合うことによってステッチが形成される．

 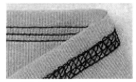

(a) 二重環縫いミシン　　(b) 偏平縫いミシン（3本針上飾りなし）

図 4.26 環縫い系ミシン（JUKI㈱ウェブサイト）

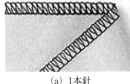 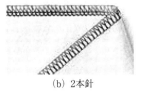

(a) 1本針　　　　　　　(b) 2本針

図 4.27　オーバーロックミシン（JUKI(株)ウェブサイト）

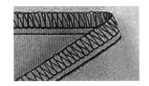 

図 4.28　インターロックミシン　　図 4.29　すくい縫いミシンによる裾上げ
　　　　　（JUKI(株)ウェブサイト）　　　　　　　縫製

また，ミシンにメスがついており，生地をカットしながらかがっていく．1本針（図 4.27 (a)）と 2 本針（図 (b)）がある．

④インターロックミシン（安全縫いミシン）

二重環縫いと縁かがり縫いを同時に行うミシン（図 4.28）で，Y シャツの脇縫いやジーンズの前パンツと後ろパンツの縫合などに使われる．

⑤すくい縫いミシン

裾上げ縫製（図 4.29），紳士服の衿（ラペル部）の芯地つけ，ベルトループつけに用いられる．1 本の針糸をルーパーにより絡めてステッチを形成する単環縫いといわれるタイプのミシンである．

2）衣服の生産プロセス

①縫製工程

縫製工場に素材類が納入されると，縫製仕様書に基づき縫製準備工程，縫製工程，仕上げ工程，検査工程を経て製品が出荷される．

縫製準備工程：

・検反：生地メーカー側が出荷する際に外観品質のチェックは行われているが，縫製工場でも原反の入荷後に，検反機を用いて地の目曲がり，傷，染めムラなどを目視により検査する．

・スポンジングおよび放反：生地は製造時や巻反地に生じたゆがみが残留していることが多く，このゆがみが製造した衣服の型崩れや寸法変化に結びつく．そのため，生地の段階でこれらのゆがみを取り除く必要がある．この作業をスポンジングといい，熱と水分（スチーム）を使って生地を安定化させる．また，原反を広げて生地を解放（解反）して 24 時間以上放置しておくことを放反という．

・延反：原反を広げて地の目を整え，耳を揃えて生地を積み重ねて，裁断が行える状態にする．延反は一般には延反機を使うが，手作業で行う場合もあ

る．生地が無地などの場合は折り返し延反を行う．しかし，生地に方向性があったり（上下柄，毛並みなど），表裏があったりする場合には一方向延反にする必要があり，手間とコストがかかる．

・裁断：延反した生地はマーキングに従って，裁断機を用いて各パーツにカッティングする．裁断機にはたて刃裁断機，丸刃裁断機，バンドナイフ裁断機，油圧裁断機などがある．最近は，コンピュータシステムと組み合わせた自動裁断機で裁断されることが多い（CAM）．

・仕分け：裁断したパーツを仕分けして，工程順に整理する．色違いや異サイズのパーツの混入がないように注意する必要がある．

・芯据え（芯地接着）：衣服のシルエットを整えるという観点から，衿，前身頃，見返し，カフス，ベルトなどのパーツに，接着プレス機を用いて芯地を接着する．

・サージング：生地の裁断端のほつれ止めのために縁かがり処理をする．これを，サージングという．オーバーロックミシンや自動サージング機を使用する．

縫製工程：パーツ縫製，組み立て縫製，仕上げの各段階に分けられる．

・パーツ縫製：見返し，衿，袖，ポケット，裏地などの各パーツを縫製する．きれいに仕上げるためにミシンに各種アタッチメントを取り付けたり，専用の自動機を使用して縫製されることもある．

・組み立て縫製（アッセンブリー縫製）：脇縫いや肩縫い，衿つけや袖つけなどパーツを組み合わせて，衣服を立体的に作り上げていく工程で，パーツ縫製よりも難易度が高い．また，縫い目割やくせ取りなどのアイロンやプレス機による中間仕上げも含まれる．

さらに，パットつけ，星止め，ボタン・スナップ・ホックつけなどのまとめ作業を行う．

・仕上げ：アイロンやプレス機を用いて，しわを取り，全体的なシルエットを整えて製品を仕上げる．

検査工程：検査基準書などに基づいて寸法，縫製，表示などについて検査を行う．抜き取り検査と全数検査があるが，検針器による針の混入検査は全数検査である．

3）縫製欠点とその防止策

一般に，衣服を製造するためには縫製加工が必要であり，縫製には基本的にミシン針と縫い糸の使用は不可欠である．縫製は生地に針で穴があくだけでなく，送り歯，押さえ金などのミシンの様々なパーツや縫い糸により，必ず生地にダメージを与える．特に近年は，素材の多様化により縫製の難しい生地が増えており，縫製の良し悪しは製品の品質を大きく左右するといえる．ここでは，主な縫製欠点についていくつか述べることにする．

①シームパッカリング（図4.30）

シームパッカリングとは生地が縫い縮みや縫いずれによって生じる，縫い

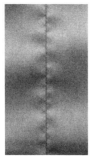  

図4.30 シームパッカリング　　図4.31 地糸切れ　　図4.32 縫い目スリップ（(財)日本化学繊維協会：商品情報ファイル（クレーム編），1998）

目付近の細かいしわのことをいう．パッカリングが目立つと商品価値が下がる．パッカリングを防ぐには，一般に，縫製時の回転速度や糸張力や押さえ圧力を下げる，ミシン針や糸は細番手にするなどの調整が必要となる．特に，柔らかく薄地や織り糸密度の高い素材はパッカリングが起きやすいので注意が必要である．

②地糸切れ（図4.31）

地糸切れとは，ミシン針により布を構成する糸が切断されることをいう．織物ではあまり問題にはならないが，ニット地の場合，着用や洗濯などによって編目がほどけてラン（伝線）が生じるため問題となる．防止策としては，できるだけ細い針で先端はボールポイント状の針を使用する，ミシン糸にオイリングする，ミシンの回転数を下げるなどがある．

③縫い目スリップ（図4.32）

着用中の動作などにより縫い目に対して垂直方向に力がかかって，その部分の構成糸がずれることにより生じた縫い目の開きや縫い代が抜けてしまうことがある．これを縫い目スリップといい，織糸密度が粗い素材やフィラメント織物などの滑りやすい素材で生じやすい．防止策としては，ゆとりのあるデザインにする，縫い代を十分にとる，縫い目に補強テープ（接着テープ）を貼る，縫い代にステッチをかけるなどがある．　　　　　　〔松梨久仁子〕

5 ライフスタイルと衣服

5.1 現代の衣生活

a. 衣生活の設計
1）衣生活の現状

日本経済はバブル崩壊以降，長きにわたってデフレ経済に陥った．図5.1からもわかるように，1世帯当たりの実収入が徐々に減っていく中，消費支出もほぼ同様の線形で減少してきている．とりわけ2008年9月15日，アメリカの投資銀行リーマン・ブラザーズの経営破綻に端を発する世界的な金融危機や，2011年3月11日の東日本大震災の影響は大きく，経済がさらに落ち込んだことが見てとれる．2000～2014年の消費支出額（図5.2，5.3）を見ると，交通・通信費を除いてほとんどの項目も減少傾向が続いている．その中

注）図5.1～5.5は二人以上の世帯のうち勤労者世帯のデータ（総務省統計局，家計調査より作成）．

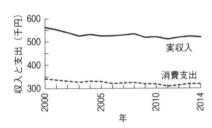

図5.1 1世帯当たり年平均1か月間の収入と支出（総務省統計局，家計調査より作成）

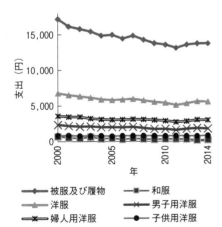

図5.3 1世帯当たり年平均1か月間の被服品関連支出（総務省統計局，家計調査より作成）

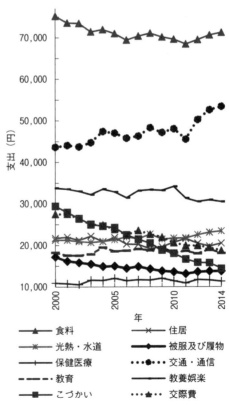

図5.2 1世帯当たり年平均1か月間の支出（総務省統計局，家計調査より作成）

でも被服および履物に注目すると20%強減少しており，細目では子供服の消費が約2%の微減なのに対し，成人衣料の男子用洋服は約25%，婦人用洋服が約17%減となっており，全消費支出の約7%減と比較して大幅減にある．このような衣類に関する消費変化の大きな要因として，景気低迷の背景のほかにファストファッションの台頭が挙げられる．

　自社ブランドの商品企画・製造・販売すべてを管理するSPA（speciality store retailer of private label apparel：製造小売業）と呼ばれる業態のファストファッションは，中間コストの削減により安価で高利益を生む商品を，大量かつスピーディに生産し市場に次々と投入する．さらに最新の流行を取り入れたファッション商品であることから，おしゃれをするには経済力が必要であったこれまでの価値観を覆し，"ファッション・デモクラシー"とも称され世界規模で消費が拡張した．国内では2008年に北欧のSPAブランドの1号店がオープンして以降，欧米のSPA企業が続々と日本参入を果たし，店舗数や売上高を増大させ続けるなど躍進が目覚ましい．『衣料の使用実態調査（学生対象）』（衣料管理協会）の"よく買う衣料のプライスゾーン"の結果を，ファストファッションのオープン以前の2006年度とオープン以後の2012年度で比較すると，たとえばTシャツでは2900円から2600円の300円減，スカートに至っては5600円から4100円の1500円もの大幅減と，平均単価がより安価なものへと変移している．"ブラウスの購入時の重視項目"でも「価格が手頃である」が12.2%から14.6%と商品の値頃感に対するポイントが増加した一方，「品質が良い」では8.1%から6.7%へと質へのこだわりがダウンしている．これらの傾向からも，品質は多少劣ってもファッション感度が高く安価なファストファッション衣料に価値を見出し消費するという新たな風潮が，2000年代終わりから2010年代はじめにかけて急速に浸透していったことが示される．

　近年スマートフォンやタブレット端末といった情報通信機器の急激な普及

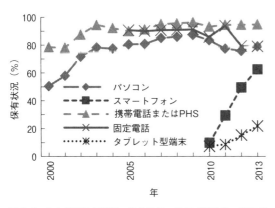

図5.4 主な情報通信機器の保有状況の推移（総務省，通信利用動向調査平成25年報告書より作成）

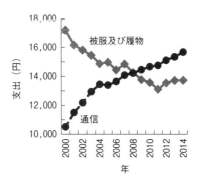

図5.5 1世帯当たり年平均1か月間の被服品と通信費の支出（総務省統計局，家計調査より作成）

（図 5.4）に伴い，通信費の支出が増加の一途を辿っている．収入額減少の家計の中で，住居や光熱・水道，教育，保健医療などの必需よりも優先順位の低い衣料品の支出額が反比例的に下降している（図 5.5）．このような今までにない新しいアイテムの登場による生活スタイルの変化も，被服品消費に少なからず影響を与える要因の一端となっている．

20 年ものデフレ社会のなかで，安価で良質な商品が流通し，情報通信機器やインターネット網の拡充などの技術革新により，多くの選択肢を持つ成熟した消費社会となり，価値観やライフスタイルの多様化がますます進んでいる．現在は，商品やサービスそのものに消費をする"モノ消費"より，体験や思い出，知識などといったソフト面に消費する"コト消費"のニーズが高まっている．また，先述のファストファッションのように安価な商品を求める価格志向の消費者層がある一方，"自分らしさ"や"こだわり"をより重視する消費者層も拡大傾向にある．こういう志向の消費者は，多少高くても質の良い商品や自分のライフスタイルに合う逸品を購入するなど，生活全般にこだわりの強い消費をする．2013 年後半より，これまで被服品しか販売してこなかったアパレル企業が，"ライフスタイル提案型"という，これまでにないタイプの店舗をオープンさせているが，これも新しい消費動向に対応させた業態の一例である．こうした被服品の消費の 2 極化は，今後も続いていくと考えられている．

2）これからの衣生活

ファストファッションの急成長により，衣服は大量生産，大量消費，大量廃棄の時代となった．平成 21 年度「繊維製品 3R 関連調査事業」報告書（(独)中小企業基盤整備機構，2010）によると，繊維総排出量は 171.3 万 t，内衣料品は 94.2 万 t，その衣料品排出量のリサイクル率は 11.3%，リユース率 13.4%，リペア率 1.6%，計 26.3% となっており，残りの 73.7%，実に 69.4 万 t がゴミとして廃棄されている．こうした現状に対し，CSR（corporate social responsibility：企業の社会的責任）を果たそうとする企業が欧米を中心に増加している．CSR とは，企業が利益の追求だけでなく，事業活動により社会に与える影響や，顧客，地域社会，環境，社会的弱者などに対して責任を持って社会貢献する企業活動のことであるが，従来からいわれているリサイクル（再資源化），リユース（再利用），リデュース（低減）の 3R に加え，リペア（修理）やリイマジン（再考）を加えた 5R，さらにはリフューズ（拒否），リターン（返却），リフォームなど，様々な R を付け加えた形の環境配慮を，多くの企業や団体が提唱している．環境破壊が原因とされる異常気象が度々甚大な被害をもたらし，地球環境の悪化が懸念される今日，これからは企業だけの責任ではなく，我々消費者一人ひとりも問題意識を持って地球環境や環境負荷を慮り，衣類の選定，購入，廃棄等を行っていくことがますます重要である．

環境配慮の機運が高まるなか，"グリーンファッション"や"サステイナブ

ル（持続可能な）ファッション"がクローズアップされている．サスティナブルファッションには，たとえば有機農法によるオーガニック素材の使用や，環境汚染につながる溶剤等の不使用による環境負荷の軽減，発展途上国の生産者とのフェアートレードによる自活支援，製品のトレーサビリティ，地域に生産拠点を設けることによる地場産業の活性化と雇用の創出など，様々な見地から実現が図られている．2000年代半ばにアメリカでこの動きが活発化し波及して以来，世界でも注目され，ハイブランドでも取り組みが始まっている．次々と新しいものが生まれては消えていくファッションの特性と現在の消費の在り方では，環境負荷が大きく持続可能なものとはいえない．生産者・消費者ともに，今後は，持続可能なファッションを指向していくことになるだろう．

　北京オリンピック以降の中国の人件費高騰により，衣類の生産拠点はASEANや南アジアの国々に移行していっている．その中でもバングラディッシュは中国に次ぐ世界第2位の衣料品輸出額で，2014年現在，400万人以上が縫製業に従事しており，その約8割が女性である．輸出先の8割以上が欧米諸国であり，世界的に需要が急増した欧米各国のファストファッションの成長と共に急成長をし，低価格衣料の大量供給を下支えしている．しかしその賃金は，2014年のデータで1時間当たり0.62ドルと，中国の2.65ドルやインドの1.12ドル，インドネシア0.95ドルなどから比べてもはるかに低い．2013年4月に死者1100人以上を出したダッカ郊外の縫製工場のビル倒壊により露呈された，劣悪な労働環境にあるファストファッション衣料の生産の現場は，安価な衣服を手軽に享受している欧米諸国に衝撃を与えた．このような途上国の労働環境や人権，女性支援，動物，地球環境などに対して責任を果たして作られるエシカル（倫理的な）ファッションは，サスティナブルファッションと共に世界的に注目されている．ファストファッションの登場以降，消費者はより安価な衣料を求めがちであるが，低価格の裏側にある，低賃金で人権を蹂躙するような過酷労働を強いられている労働者に考え及び，本当にその商品が適正な価格なのかなど，倫理的視点から考えた衣服の選択を行うことが現代社会において求められている．

b. ファッション動向
1）ファッションの変遷と現代ファッション
　第二次世界大戦後のファッションは，経済の発展と共に大きく変化を続けてきた．戦後間もない物資の乏しい時代では，衣服に対する要求は丈夫さや耐久性，取扱いのしやすさといった最低限の第一次品質であったが，1950年に勃発した朝鮮戦争による特需も影響し高度成長期を迎え人々の生活が豊かになってくると，ファッション性や審美性などの第二次品質が求められるようになっていった．60年代になると余暇を楽しむなど人々のライフスタイルの変化に伴い，スポーティなファッションやTシャツにジーンズのようなユ

ニセックスなファッションが登場するなど新たなスタイルが生まれた．70年代にはカジュアル化が加速し，さらに衣服に着心地や機能性を要求するようになった．バブル経済であった80年代はブランド性が重視されるようになり，DCブランドブームが沸き起こった．女性の社会進出が進み，かさ高な肩パットの入った強いイメージのボディコンシャスな服が流行した．90年代になると情報化社会の進展により，ファッションのグローバル化が始まった．ベルギーやイギリス出身の若手クリエイターの活躍が目覚ましかった時代でもある．またバブルが崩壊しデフレ経済に突入したことによる価格破壊が始まった．2000年代には価格競争が進み，それまでのアパレル業界の業態とは様相を異にした，企画，生産，管理のすべてを行うSPA化の動きが起こった．その業態により新たに生まれたファストファッションは，流行の服を低価格でスピーディに市場に供給するため世界的に一気に拡がっていった．このように，ファッションは社会情勢や経済などの影響を色濃く映しながら，約10年サイクルで変化を続けている．ますます進む女性の社会進出や高齢化社会，格差の広がりやLGBTなどジェンダーフリーの考え方など，人々の価値観がさらに多様化，複雑化している現代，ファッションも様々な価値観のもとに新たな変化が生まれている．

2) ファッション消費の変化

　ICT（Information Communication Technology）社会が進み，インターネットの人口普及率も年々上昇している（図5.6）．総務省のデータによると，平成25年末時点での人口普及率は82.8％で，年齢別には13歳から39歳までは97％以上，40代96.6％，50代91.4％，60代68.9％，70代以降の世代が50％を切るものの，現役世代で100％に近い普及率となっている．またスマートフォンやタブレット端末の普及が急速に拡大し，ますます浸透していくことが予測されているなか，スマートフォン経由でのSNS（ソーシャルネットワークサービス）やEC（イーコマース）の利用者増加（図5.7）など，ライフスタイルの変化も起こっている．そうしたことにより，オムニチャネルという，実店舗，パソコン，スマートフォンなどのモバイルデバイス，SNSなど，ネットとリアルのすべてのチャネルがつながった購買スタイルが急激な広がりを見せており，今後の主流となる購買様式とされる．さて，総務省の平成25年度通信利用動向調査によると，ECにおいて購入した商品や

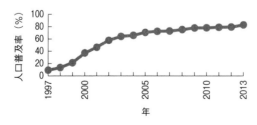

図5.6　インターネットの人口普及率の推移（総務省，平成25年通信利用動向調査より作成）

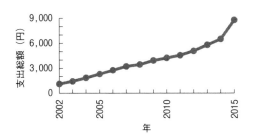

図 5.7 1世帯当たり1か月間のネットショッピングでの支出総額の推移（2人以上の世帯）（総務省統計局，家計消費状況調査より作成）（2015年は1月〜3月のデータの平均値を使用）

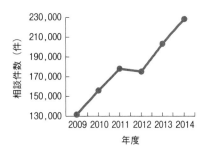

図 5.8 PIO-NETに寄せられたインターネット通販全体の相談件数の推移（(独)国民生活センターデータより作成）

サービスで一番多かったものは，世代通じて衣料品を含む日用雑貨であった．また，2002年から2014年にかけてのEC支出総額は実に約6倍もの伸びを見せているが，それと比例してPIO-NET（全国消費生活情報ネットワーク・システム）に寄せられる相談件数（図5.8）も急増している．特に2010年以降，ブランド品の偽物に関する相談件数が増え続けており，その中でも2013年には被服品類の真贋相談が70%を超えるなど，圧倒的に多くなっている．このことからも今後いっそう増えていくECによる衣類購入時には，十分な注意が必要である．〔滝澤　愛〕

5.2　衣服の着装

　衣服とは人間のからだを外界から保護することを基本目的として，体の外側を外形に沿って被覆するものであり，人体に最も至近な距離にあって離れず共存している．さらに，人間が生活環境に適応していくために必要な手段として欠くことのできないものである．また，衣服は人体に着装されなければ，衣服として完成しないという特性がある．

　人間と衣服は相互に影響しあって一つのシステムを構成しているといえる．人間，衣服それぞれがシステムを構成する要素であり，人間，衣服それぞれが多くの特性を持っている．さらにその周りを環境が取り巻いている．まず，インナーからアウターまでを重ねて着用することによって生じる衣服内気候という環境，その衣服が使用される使用環境，その衣服を着用する人間の生活環境，この人間-衣服-環境系の概念を図示すると図5.9のようになる．

　衣服は直接身につけるものである．ゆえに高品質の衣服設計を行うには，着用対象となる人間の形態的特性・動態的特性・感覚生理的特性・心理的特性を総合的に把握する必要がある．

　衣服は，多様なライフステージにいる人間を包み，TPOに応じた機能を発揮している．着用の場面や機能別にみると，日常着のほか，各種労働・作業に従事するときに着用する衣服，スポーツやアウトドアで着用する衣服，ま

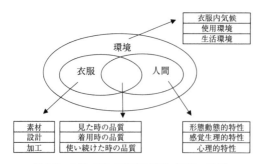

図 5.9　人間-衣服-環境系の概念（篠崎, 2015）

た就寝時や休息時に着用する衣服や寝具，靴など，活動レベルの差や環境の差によって気候との関係も変わってくる．さらに，着用者の年齢や性別によっても温熱生理反応が異なるため，衣服に求められる気候適応性能も変わる．

a.　ユニフォームとワーキングウェア

人が生きていくためには，労働が不可欠であり，労働には，多くの場合ユニフォームが着用されるが，労働のための衣服は作業着，ワーキングウェア，仕事服，制服など様々な言葉で表現されている．ユニフォームは（uniform）は，ユニ（単一の）とフォーム（形）の合成語で制服のことであり，意味は，制服より適用範囲が限定されることが多い．また，競技用スポーツウェアは，ユニフォームと称されることが多い．

近年では，デザイン性や機能性に優れた企業イメージを強く印象づける企業宣伝の一要素となっている．集団内では，連帯責任を高めること，外部に向かっては職業や階級，役割を明示することを目的としている．

1) ユニフォームの機能

制服は，その職務にあった機能が求められる．特定の作業用に機能性を重視して規定された服は，作業着と呼ばれ，制服と区別されることもある．企業によっては，作業着を業務時に着用することを義務付けるところや，その場合でも営業職など接客を伴う場合は，スーツ着用を基本としているところもある．現在の日本では自衛官，警察官，消防署員，海上保安官，鉄道会社，警備員などは制服の着用が義務づけられている．

表5.1 に，一般服とユニフォームの差異を示す．

2) ユニフォームに関する各種の法律

ユニフォームは，種々の機能が要求されるため，1972年に制定された「労働安全衛生法」により，「作業環境管理」「作業管理」「健康管理」の3つを基本に管理を総合的に実施することを定め，「作業管理」の中に保護具，防具，作業着，作業帽，履物等が適しているという項目がある．そのため，各職場に適した基準を満たした衣服が必要である．

そのほか，作業服の静電気帯電に起因して発生する災害を防ぐ静電気帯電

表 5.1 一般の衣服とユニフォームの差異

区分	一般の衣服	ユニフォーム	備考
特性	消費者が着て完結	継続性とメンテナンス性が必要 見えない部分に機能性が付加されている	
賞味期限	3ヵ月	最低3年以上の保証が必要	
購入者	着用者	実際の着用者が選定や注文に関与しないことが多い	
サイズ	最大5サイズ	最大10サイズ	
生産数	未定	注文数に対して全納することが必須	
重視する点	感性重視	着用頻度・洗濯頻度が多いため，購入後の諸問題を事前に検討の必要あり 生地の物性試験：引張り強さ・引裂き強さ・滑脱抵抗力・ピリング・破裂強さ 染色堅牢度（変退色・汚染）：耐光・選択・汗・摩擦（湿式・乾式）	物性は，基準が高めに設定されている

防止作業服，食品の中に潜む危害，たとえば異物混入などを規制する食品衛生法，黄色ブドウ球菌，院内感染などによる感染症などに対し規格や法令が定められており，職場環境に該当法規が追随し，法的制約についての理解が必要である．

さらに，個人情報保護法や産業廃棄物処理法も考慮する必要がある．

3) 未来に向けてのユニフォーム

最近は，機能性を重視するユニフォームに，デザインや環境配慮などのこだわりを付加したものも増加している．

2020年開催の東京オリンピックまでに1000万人の制服をエシカル（倫理的）素材に変えることを目標とし，環境や持続可能性に配慮したエシカル素材のユニフォーム製作プロジェクトも立ち上がった．ホテルや航空会社など一部の業種を除き，多くの企業は実用性や価格を重要視しているのが現況であるが，「着た人がプライドを持って仕事に打ち込める制服づくり」を目指し，着る人の気持ちや意欲を高められるユニフォーム提案のプロジェクトなどに期待される．

4) 災害時における防災用衣料品とワーキングウェア

昨今の度重なる災害によって防災に対する意識は確実に高まっているが，災害時の衣料品について企業，自治体の備蓄についての（公財）ユニフォームセンターの調査報告書から，企業，自治体が備蓄しているアイテムの必要としている機能性を表5.2に示す．調査結果から，災害時における必要性の高いアイテムに厳選して各アイテムの持つ機能を増やし，合理的な備蓄をするという現状である．9割の自治体，8割の企業において，防災衣料品を阪神大震災以降に調達している．

作業着の場合は，通常業務の内容や作業場所にもよるが，防災用としては，通常の作業服に反射材や防水・防寒機能を付加することにより，多機能作業

表 5.2 防災衣料のアイテムと機能（(公財)日本ユニフォームセンター，2013）

アイテム	機能性
作業服	帯電防止・静電防止，軽量，通気性，抗菌・防臭・消臭，ストレッチ，難燃性・防炎
防寒服	防寒，軽量
雨具	防水，軽量
反射材付きベスト	反射材付き，軽量，通気性
防護服（使い捨て）	バリア性（遮断性）
帽子	機能が少ない
防災頭巾	難燃性・防炎
マスク	抗菌・防臭・消臭，バリア性（遮断性）
手袋	防汚，耐久性，抗菌・防臭・消臭
ヘルメット	耐久性，軽量
安全靴	耐久性，軽量

服への改良が可能である．

防寒服の場合は，難燃性・防炎・耐火性のほかに防水加工をし，反射材を付加するなどの多機能化を図り，通気性，ストレッチ，吸汗・速乾など，反射材つきベストも帯電防止・静電防止などの機能を付与することが必要である．

雨具では，防水性のほか難燃性・防炎・耐熱性，通気性・吸汗・速乾およびストレッチの各機能の改善が必要である．

b. スポーツウェア

スポーツウェアは，競技種目用，体力づくり，趣味など，その用途は様々なシーンがあり，現代社会において深く浸透している．スポーツを行う際に着用するスポーツ専用の衣服の始まりは，19世紀のヨーロッパにさかのぼる．サイクリングやテニス，ゴルフといったスポーツが大流行し，男性だけでなく，女性にもその門戸が開放されたため，拘束の多い窮屈な装いを強いられてきた女性たちの間で，スポーツしやすい専用のファッションが広がった．

現代のスポーツウェア市場は，競技用とカジュアルウェア，タウンウェアとしても兼用できるファッション性の高い一般用に大別される．

「レジャー白書2014」（(公財)日本生産性本部，2014）によると，余暇関連産業・市場の動向では，「スポーツ部門」においてランニング，登山，キャンプ用品の売り上げが好調を維持し，ゴルフ用品も増加している．シューズ，ウェアも堅調である．余暇活動の満足度は50歳代以上で増加し，70歳代で最高となり，50代から60代にかけて満足度の上昇が目立つ．

また，スポーツサービスで伸びたのは，フィットネスクラブ，スキー場であった．最も重視する余暇活動としてウォーキングが全体で4位，男性では，2位であり，3位がジョギング，マラソン，4位がゴルフとの結果であり，これらのことから現代人の健康志向が読み取れる．

スポーツが単なる趣味でなく，競技となったときに，ユニフォームは必須アイテムとなる．スポーツ用ユニフォームには，それぞれのスポーツに合わせて特化した最も適した形と素材が用いられる．

また，スポーツ用ユニフォームには，競技にあったデザインとともにチームの統一感と，他チームとの差別化を図る目的がある．さらに，審判とも一目で区別できる必要がある．

スポーツウェアの性能としては，おもに3つの機能が求められる．

1) スポーツウェアの性能

①身体運動拘束性の小さい衣服

様々な身体運動に追随し，動きを妨げないデザインや素材が求められる．競技用では，選手の能力を最大限に発揮できるような運動機能性が必要である．また，近年，優れた伸縮性能をもつポリウレタン繊維の開発，熱処理などにより，高伸縮性の織物・編物が用いられるようになった．さらに，体幹・骨盤の安定や，腰のサポートなど，着用することで，良い姿勢の保持や筋肉のサポート・疲労軽減といった機能性を付与したスポーツウェアが開発されて市場に出ている．

②運動に伴う体温上昇を防ぐ熱放散，水分蒸散を妨げない衣服

スポーツウェアには，衣服内から外界への効果的な熱放散と水分の透過性が要求される．近年，吸放湿性や保温性の向上，吸汗速乾素材，吸湿発熱素材，熱水分調節機能を持つ素材などが開発され，スポーツウェアの気候適応性は向上している．

③風雨，氷雪，厳寒，強い紫外線などの自然条件に耐えうる衣服

戸外スポーツでは，外界からの気象条件から体を守り，環境や活動の変化に応じた保温性・放熱性が求められる．

2) アイテムごとの特徴と用途

①スパッツ

スパッツとは，下半身にぴったりとフィットするパンツ型，タイツ状の下半身衣の総称で，伸縮性のある素材で吸汗性に優れていることが特徴である．用途としては，自転車競技，陸上競技などでは，ユニフォームのズボンとして着用され，野球，サッカー，ラグビー，バレーボールなどではインナーとして着用される．野球では，スライディング用にヒップパッドのついたスライディングパンツがある．

②コンプレッションインナー

コンプレッションインナーとは，スポーツ科学の分野で生まれた機能性インナーである．コンプレッションとは圧迫や圧搾を意味し，着用することにより必要のない筋肉の動きを抑え，筋肉の疲労軽減，発汗作用や疲労回復を早める効果がある．ランニング中に着用するタイツでは，保温性，通気性，吸汗速乾性などの一般的なインナーに求められる機能に加え，タイツの一部分に張力をかけることで動作や関節をサポートする機能を有し，特に膝関節

の安定性に効果があるものが提供されている．さらに，運動に適した体に矯正したり，インナーマッスルを鍛えることができたりと，機能性が向上している．メーカーによって付加機能が異なるので，自分に必要な機能を見極め，体にぴったりフィットするものを選ぶことでそれらの効果が期待できる．

図5.10は，大学サッカー選手に，ゲームシャツ・ゲームパンツ，インナーシャツ・インナーパンツについて求める機能性をフィールドプレイヤーとゴールキーパー別に問うたアンケートの結果の一部を示したものである．動きやすさ，吸汗発散性が高く求められている．

③柔道着

文部科学省の決定により，学校体育における柔道などの武道が2012年4月から必修科目となった．武道が必修化された目的は，柔道などの武道が礼儀作法や相手への思いやりの習得機会につながると期待されたためである．

柔道においては肘関節障害が起きやすく，その要因はオーバーユース（overuse）や技術によるものと推測されるが，その他に，柔道選手に最も身近なものである柔道着が肘関節に対して影響を与えていると考えられている．選手たちは相手の柔道着が小さいと技に入りにくいと感じている．試合時においては図5.11に示す通り，国際柔道連盟試合審判規定により決められているが，練習時には選手が規定通りの柔道着を着ていない場合もあり，さらに現場では柔道着を繰り返し使用していくうちに柔道着自体が縮むともいわれている．

競技スポーツにおいては，ユニフォームのサイズがパフォーマンスに大き

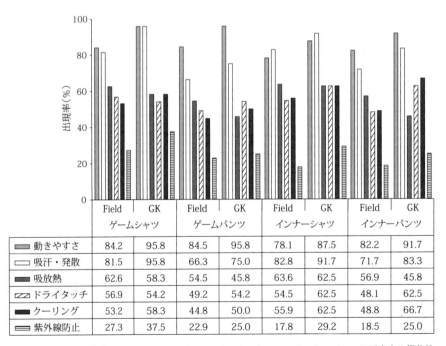

	Field ゲームシャツ	GK ゲームシャツ	Field ゲームパンツ	GK ゲームパンツ	Field インナーシャツ	GK インナーシャツ	Field インナーパンツ	GK インナーパンツ
動きやすさ	84.2	95.8	84.5	95.8	78.1	87.5	82.2	91.7
吸汗・発散	81.5	95.8	66.3	75.0	82.8	91.7	71.7	83.3
吸放熱	62.6	58.3	54.5	45.8	63.6	62.5	56.9	45.8
ドライタッチ	56.9	54.2	49.2	54.2	54.5	62.5	48.1	62.5
クーリング	53.2	58.3	44.8	50.0	55.9	62.5	48.8	66.7
紫外線防止	27.3	37.5	22.9	25.0	17.8	29.2	18.5	25.0

図5.10 サッカー選手がゲームシャツ・パンツ，インナーシャツ・インナーパンツに要求する機能性（フィールドプレイヤーとゴールキーパーの比較）（中村，2010）

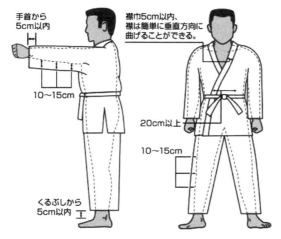
図 5.11　柔道着のルール（全日本柔道連盟試合服装規定・国際柔道連盟服装規定）

く影響する．特に技の発揮ができるかが直接勝敗に結びつく柔道では，柔道着のサイズが大事になってくる．

④未来のスポーツウェア

身に着けて使うデジタル機器「ウェアラブル端末」を健康管理に役立てる動きが広がってきている．腕輪型のウェアラブル端末では，歩数計，移動距離がわかる加速度，通信機器，脈拍の測定ができる．また，2015年の最新機器では，名刺サイズのナノファイバー生地を裏に2, 3ヵ所貼り付けたシャツが，「着るウェアラブル端末」として実用化されている．このシャツは心電位，脈波，皮膚温度センサーを搭載し，シャツに付けたデータ端末からスマートフォンにデータを送り，心電位のピークを解析し，血流や消化，呼吸などを調整する自律神経のバランスを推定することができる．これらの情報を収集・分析することは，病気の予防や診断につながり，さらに，スポーツウェアだけでなく，建設現場などで働く人の異常を察知する安全・労務管理や「見守り」機能などの実用化が期待されている．この機能を付与することで，運動効率を実際に確認しながら，ウォーキングやマラソンなど着用者の健康状態を管理し，パフォーマンスを向上させることも期待されている．

c.　フォーマルウェア

表5.3に，フォーマルシーン別に適する服装を示す．

フォーマルとは，公式の場から社交の場において，人間関係を円滑にするために決められた礼儀作法である．

フォーマルウェアとは，フォーマルな場において，相手を敬い，思いやる心の表現として着分ける衣装のことである．フォーマルウェアには，正礼装・準礼装・略礼装の3つのドレスコードがあり，正礼装とは国際プロトコールに従ったフォーマルウェアのこと，準礼装とは日本で作られた正礼装に準じたフォーマルウェアのこと，略礼装とは正礼装や準礼装以外の時間にと

5. ライフスタイルと衣服

表5.3 フォーマルシーンによる服装の分類（日本フォーマル協会, 2013）

らわれないフォーマルウェアのことである．

プロトコールとは，国と国の間で取り交わされている公式儀礼，国際儀礼のことである．

ドレスコードとは，服装規定のことであり，「平服で」と指定された場合は準・および略礼装を指す．

時間帯で着分けるとは，夕方5～6時の間の時間帯で，昼間の服装と夜の服装を着分けることである．TPOとは，T・P・O（Time「時間」・Place「場所」・Occasion「場合」）という意味で，「時と場所，場合にあった方法で着分ける」ことを考慮するということである．欧米でフォーマルの重要な要素の1つは，時間であり，夜のフォーマルウェアが最上級であり，男性の燕尾服と女性のイブニングドレスが同格である．

冠婚葬祭とは，日本古来の四大礼式，元服・婚礼・葬式・祖先の祭礼のことである．

日本における「礼儀作法」とは，日本人が大切にしてきた形のない礼儀作法の「心」と「形」である．礼儀作法の「礼儀」は，"相手を敬い，思いやる心"であり，「作法」はそれをどのように表現するかということである．したがって，「礼儀作法」とは，相手を思いやる心の表現方法のことである．作法には，過去から脈々と流れる「しきたり」と，相手と自分の置かれた状況によって変化する「社交」の側面があり，根底には文化と深い関係がある．

マナー＝エチケットとは，英語では，manners（マナーズ）といい，礼儀，作法，方法，習慣，態度，規律などの意味を持つ意味で，フランス語のetiquette（エチケット）も「宮廷および一般の作法」を指し，マナーと同じ内容，同じ意味である．

男性の夜の正礼装である燕尾服は，正宴で着用され，ノーベル賞授賞式をはじめ，世界の社交界において着用される．女性の晴れの正礼装は結婚式のウエディングドレス，イブニングドレスである．

また，ブラックスーツは昼夜兼用のスーツでシングルスーツとダブルスーツがあり，シャツ・ネクタイを変化させることにより，冠婚葬祭に利用でき，日本では男性礼服の標準型とされている．弔事においての女性の服装は，全身を黒でそろえるのが基本であり，肌を見せず，装飾は黒真珠程度とし，光るものは避け，黒のストッキング，黒で飾りのない靴を合わせる．

d． 和服

現代の小袖形式の着物は装束の袖形式に対して，袖口が小さく，袖口下を縫いふさいだものを指すが，室町時代の貴族の下着として用いられた小袖を原型とし，室町末期から桃山，江戸初期の小袖は初期小袖といい，袖幅が広く，身幅が広く，衽下が短く，袖口，衽下がり，衿肩明きが小さく，一様に対丈である．寛文の頃，反物寸法の改正により袖幅が広く，身幅が狭く長くなり，丈の長い分を外出時に褄を取ったり，身頃を抱え帯でたくし上げて結

ぶなどしたのが，お端折りの発生となり，現在へと伝承されてきたものである．

和服は，平面構成で，形がほぼ定型であるため，素材の布地や染色，意匠，デザインの美しさが魅力であり，それらを組み合わせることにより，様々な着こなしが楽しめる．また，晴れ着と普段着の区別がされてきた．

着物の種類は，長着を基本として内側に重ねる下着類，長着の上に着る外被類，帯，その他がある．さらに，服種は，表5.4に示す通り，性別，年齢，季節，用途により分類される．

和服には，TPOにより，礼装，準礼装，略礼装，普段着といった分類があり，着物，帯，小物類の格を合わせてコーディネートする．

①和服の礼装

和服は礼装，準礼装，略礼装，普段着に分類できる．礼装は，冠婚葬祭などに出席するときの正式な装いのことである．結婚式では親族や仲人が着用し，女性は留袖（五つ紋），振袖，喪服（五つ紋）を用い，男性は黒羽二重紋付き羽織袴（五つ紋）を用いる．準礼装は，結婚式や披露宴全般に用いられ招待客が着用し，式典やパーティに着用することができる．

女性は色留袖（三つ紋・一つ紋），訪問着，色無地（三つ紋・一つ紋），江戸小紋（一つ紋），附下げ（一つ紋）を用い，男性は，色羽二重紋付袴（五つ紋・一つ紋）を用いる．略礼装は格式張らない結婚式，披露宴，パーティーなど一般招待客として出席する場合に着用する．女性は，江戸小紋，附下などを用い，男性はお召，紬，江戸小紋紋付羽織袴（一つ紋）を用いる．

②和服の紋

和服の家紋は，家系を表す紋章である．留袖，喪服，黒紋付き羽織袴には必ずつけ，これが和服の格を示す．

家紋は，白で表すのを日向紋といい，最も格が高く，次いで中陰紋，陰紋の順となる．

紋の数は，五つ紋，三つ紋，一つ紋があり，数が多いほど格が上である．

③現代の和服の種類

現代の生産工程，着装状況での和服は，広義では，子供用，成人男女用の伝統的な様式の衣服の総称で，狭義では長着，羽織，袴，帯，長襦袢，コートなどのほかに，和装小物なども指す．

④和服の構成

和服は，1反の布を必要枚数に分け，各布をはぎ合わせて構成する．着尺1反は一般的に並幅36 cm，総丈1140〜1200 cmを指す．長着の構成は，袖2枚，身頃2枚，衽2枚，衿，かけ衿（共衿）を各1枚計8枚必要である．衽は，前をダブルに合わせるための幅の不足に用いる．図5.12に大裁ち単衣長着（女物，男物）の形と各部の名称を示す．

大裁ち女物単衣長着（浴衣）は，身長，ゆき，腰囲をもとに，必要寸法を割り出し，製作する．表5.5に，出来上がり寸法の割り出し方を示す．

表5.4 和服の種類

種類 大きさ(年齢)	性別	長着	下着類	外被類	帯 種類	帯 幅(cm)	帯 長さ	袴	その他
大裁(本裁) 11・12歳〜成人用	女子用	普通長着	長じゅばん	羽織	丸　帯	30(布幅68)	約430	女　袴	じんべえ
		紋　付	(そで別・無双・半無双 別裏そで)	(紋付・中羽織・茶羽織 そで無羽織)	袋　帯	30	430		作務衣
		打ち掛け	(えり別・通しえり, 別えり)	コート	昼夜帯(腹合せ帯)	30	430		ホームドレス
		留そで 黒留そで 色留そで		(長・七分・半・雨コート)	名古屋帯	30(胴15〜16)	350		
		振りそで	半じゅばん	被布	袋名古屋帯	30	350		
		色無地	肌じゅばん	道中着	中幅帯	23	350		
		訪問着	すそよけ	はんてん	半幅帯(小袋帯)	15〜16	350		
		付け下げ		(印ばんてん・祭ばんてん おぶいばんてん)	細　帯	14	350		
		丹　前			軽装帯(つけ帯)	自由	自由		
					ひとえ帯	30	400		
男子用		普通長着	同上	羽織	角　帯	約9	約400	襠有袴(馬乗袴)	じんべえ
		紋　付		コート	兵庫帯	90	400	襠無袴	作務衣
				はんてん					
中裁(四つ身) 小裁(一つ身・三つ身)(2〜3歳以下)	子供用	普通長着	長じゅばん	羽織(そで無羽織)	中幅帯	26(布幅57)	約400	子供袴	じんべえ
		祝い着	半じゅばん	被布	角　帯	約7	約160		
			肌じゅばん	コート	三　尺	45	250		
				はんてん					

季節別
あわせ(10〜5月)
ひとえ(6〜9月)
綿入れ(実期)
帯・袴・その他を除く

98   5. ライフスタイルと衣服

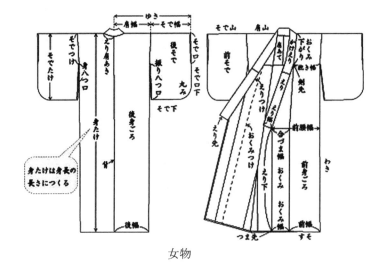

女物

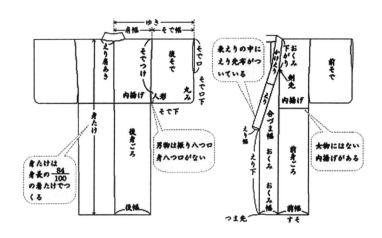

男物

図5.12　大裁ちひとえ長着の各部名称（薩本ほか，2010）

e. 寝具と寝衣

　寝具は，人間が睡眠を行うための道具である．睡眠をとりまく環境を整えることは快適な睡眠のための必須条件である．寝床内環境をつくる寝具選びは，睡眠の質を左右する．首や肩に無理のない枕・適度な硬さのベッドマットや敷き布団・フィット感のある掛け布団といったように，体への負担が少ない寝姿勢（寝相）を保つことができ，保温性と吸湿性・放湿性が良い寝具を選ぶとよい．図5.13は，眠りに影響を及ぼす環境要素を図示したものである．

1) 睡眠に影響を及ぼす要素

　快適な睡眠のために重要になるのが，睡眠をとりまく環境である．よい眠

表 5.5 大裁女物単衣長着の出来上がり寸法

名称	参考寸法	割り出し方
そでたけ	52〜53	身長×(1/3)
そで口	23	標準寸法（身長150以下21）
そでつけ	23	標準寸法
そで幅	32〜33	ゆき×(1/2)＋1
そで丸み	2〜13	自由
身たけ	156〜158	身長同寸
えり下	80	身長×(1/2)：身長150以下　身長×(1/2)＋2〜3：160くらいまで 身長×(1/2)＋4〜6：160以上
おくみ下がり	23	標準寸法（身長150以下21）
身八つ口	15	標準寸法
えり肩あき	8.5〜9	標準寸法 8.5　肥満体 9
くりこし	2	標準寸法
ゆき	62〜64	右上肢，水平側挙，第7頸椎点から尺骨茎突点までを肩で押えて計る
肩幅	30〜31	ゆき×(1/2)－1
後幅	28	（腰囲－前腰幅＋ゆるみ3)×1/2
前腰幅	37	腰囲×(1/2)－8〜9（腰囲92以下－8，以上－9）
前幅	22	前腰幅－おくみ幅
おくみ幅	15〜16	腰囲100以上16　その間15.5　96以下15
合づま幅	15〜16	おくみ幅と同寸
えり山	5.5	標準寸法
剣先	6.5	標準寸法
えり先	7.5	標準寸法

参考寸法：身長158 cm，腰囲90 cm，ゆき63 cmの例

図 5.13　眠りに影響を及ぼす環境要素（(独)国立精神・神経医療研究センター（精神保健研究所・精神生理部）ウェブサイト）

りを得られるかどうかには，心身の状態が大きく作用することはもちろんであるが，寝床内環境をつくる寝具（枕・ベッドマット・布団）や寝室の温度/湿度・音・光なども作用する．これらの寝室環境を整えることで，寝つきが悪い，夜中によく目が覚めるといった不眠などが改善される人も多いと考えられる．

寝室環境は，風雨をしのぎ，外気温の影響を緩和するのに加え，心の安定を保持できる場所であることが必要である．その要素には，温度・湿度，明るさ（照度），音の3つがある．

寝室内の温度・湿度環境は，屋外環境の影響を大きく受け，屋外環境は季節によって大きく変化し，地域によっても差がある．寝室環境の室温として夏季で24〜28℃，冬季で13〜21℃が目安である．これを寝床内環境としての寝衣や寝具で快適な環境に適応することが必要となる．湿度については，どの温度域においても相対湿度で50％程度が快適な湿度である．

睡眠に適した照度は，10ルクス程度，周囲の状況が何となく判断できる程度の薄明かりが良い．音については，できるだけ静かなところが良いが，まったくの無音は不安感を感じさせるため，木の葉が風にそよぐ際の30デシベル程度が理想である．

2）快適な睡眠のために必要な寝具の条件

掛け布団と敷き布団で囲まれた小さな空間を「寝床内」といい，質の高い睡眠を得るためには，この寝床内の環境を快適な温度・湿度に保つ必要がある．

寝具には寝ているときの保温と，良い寝相，つまり立ち姿勢に近く体への負担が少ない姿勢を保つという2つの大きな役割がある．私たちの体は体内時計の働きから眠ると体温が下がるが，これは深い眠りを保つために体内から熱を出すためで発汗が起こっている．寝具はこの点を考え，吸湿性・放湿性が良く，保温性のよいことが第一条件になる．

とくに冬場の寒い季節は寝床内環境が重要で，冬はあらかじめ毛布や湯たんぽ，電気毛布などで就寝前に寝具内を温めておくと寝つきが良くなる．寝具が冷えていると，体温の放熱を抑えるために不自然な寝相になることがある．個人差や季節によっても異なるが，寝床内の温度は33℃±1℃，湿度は50％±5％の状態が最も快適な環境となる．

3）寝具の種類と機能

①掛け布団

掛け布団に必要な条件は，睡眠中，体からは熱が奪われやすいため，過剰な放熱による低体温を防ぐ保温性，寝ている間にかく汗を吸収して透過させる吸湿性・放湿性・透湿性があることである．また，睡眠中20回程度は寝返りするといわれる動きを妨げないように，軽くて体にフィット感のあるものがよい．

②敷き布団・ベッドマット

人間の姿勢は，後頭部から首・胸にかけてと胸から腰にかけて，背骨が2つのS字カーブを描くようになっている．自然な立ち姿勢のときの腰部S字カーブの隙間は4〜6cmであるが，寝た姿勢でいちばん体への負担が少ないのは，隙間が2〜3cmのときである．

ベッドマットや敷き布団が柔らかすぎる場合には，腰部と胸部が深く沈み

こんでS字カーブの隙間が大きくなり，眠りにくいだけでなく腰痛の原因にもなる．反対に硬すぎると骨が当たり痛みを生じる，血流が妨げられるなどして熟睡できなくなる．したがって，ベッドマットや敷き布団には適度な硬さが必要であるといえる．2つのS字カーブをバランス良く支えられる，自分にとって楽で快適な寝相を保ちやすいものが良い．このようなことから，敷き布団には，快適支持性能（体圧分散），理想的な寝姿勢の保持，保温性，吸湿性・放湿性・透湿性，耐久性（ヘタリにくさ）などといった性質が求められる．図5.14に，寝具の適切な硬さを示す．

正しい寝姿勢は，背骨の曲り幅が立位の約半分，2～3cmのとき

柔らかすぎると，背骨が曲がりすぎ，寝返りが多くなる

硬すぎると，体圧を感じやすく，寝心地が悪くなる

図5.14 寝具の適切な硬さ（(独)国立精神・神経医療研究センター（精神保健研究所・精神生理部）ウェブサイト）

③枕

図5.15に，適切な枕の高さを示す．枕の役割は，ベッドマットや敷き布団と後頭部から首にかけての隙間を埋め，立ち姿勢に近い自然な体勢を保つことにある．この隙間は個人差が大きくそれに適した枕も人それぞれに異なるので，自分の体型に合った枕の高さを知り，安定感のあるものを選ぶとよい．具体的にはベッドマットや敷き布団と首の角度が約5度になるのが理想的といわれている．頸部の隙間の深さは人によって異なるが（一般に1～6cm），この深さに合った高さの枕を選ぶと首や肩への負担が少なく眠りやすい．頸部の隙間の深さに合わない枕（高すぎるまたは低すぎる枕）を選ぶと，首や肩・胸の筋肉に負担がかかり，呼吸がしにくく寝心地が悪くなる．呼吸がし

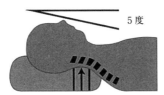

図5.15 枕の高さ（(独)国立精神・神経医療研究センター（精神保健研究所・精神生理部）ウェブサイト）

やすく，頭部をきちんと支えてくれるだけの弾性があって，発汗に備え吸湿性・放湿性のよい素材を選ぶことが大切である．

4) 寝衣の役割と必要性能

普段着は，立位時の体型を基礎としてデザイン，製作されているが，睡眠時は，横になるため，立位時と体の形や動きの方向も変わるため，就寝時は，寝衣に着替えた方が睡眠の質も高くなるといえる．たとえば，肩の傾斜は，立位のほうが大きく，横になると傾斜が小さくなるため，普段着のまま寝ると，腕が動きにくく，肩が張って不快である．睡眠中は，1晩で20回ほど寝返りを打つといわれているので，寝衣には，ゆったりとしたデザインで，伸縮性のある素材が適している．夏は，清涼感・通気性，吸湿・吸水性があり，さらっとした質感のものが適している．冬は，保温性・吸湿性があり肌触りが柔らかい素材が適している．さらに，寝衣は，耐洗濯性があり，吸湿吸水性の高い綿やレーヨン混紡などの材質が適する．

f. 靴

靴は，人間が履くことによってはじめて履物として完成する．そのため，靴は，足の形状を考慮して設計される．

足は下腿に続く下肢の一部分を構成し，ヒトでは直立二足歩行に適応した特徴を持つ，運動器として重要な構造物になっている．

1) 足寸法の測り方

足の寸法を測るには，裸足で両足に均等に体重をかけた直立状態で測るのが一般的である．図5.16に足の寸法の測り方を示す．踵の骨の最も後方（踵点）と第二指の先端を結ぶ直線を足軸とする．足長は，踵点から最も長い足指の先端までの長さを，足軸に平行に測る．足幅は，母指の付け根の骨の膨らみの最も内側に膨らんでいる点（脛側中足点）と小指の付け根の骨の膨らみの最も外側に膨らんでいる点（腓側中足点）の2点を通る直線と，足の輪郭線との交点間の距離である．足囲は，脛側中足点と腓側中足点を通る周長である．

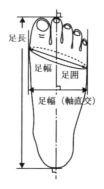

図5.16 足寸法の測り方（(一社)人間生活工学研究センター，2009)

2) 良い靴の条件

日常生活で立つ，歩く，走る，飛び跳ねるなどの動作をするとき，足の機能が十分に発揮され，それをサポートする靴がよい靴の条件である．

日常生活において，靴を履いている時間が長いが，靴の履き心地に十分満足しているであろうか．足に合わない靴を履き続けることにより，足が変形し，歩行も困難になることがある．合わない靴を履くことにより起こる骨の

障害としては，外反母趾，ハンマートウがある．また，皮膚障害としては，靴擦れによるタコ，魚の目，通気性の悪い靴を履き続けることによる足白癬（水虫），つま先の狭い靴による陥入爪などがある．さらに，ハイヒール等による転倒の危険性もある．安全で快適な歩行のためには，足に適合した靴を選ぶことが重要で，そのためには，自分のサイズを認識しておくことが大切である．図5.17に，靴の選び方を示す．

3）トレーニングシューズ

文明の発達に伴って，人間の歩行距離や走行距離は減少の一途をたどっている．その一方で，現代病や生活習慣病などの病気を持つ人の割合が高く，人々は人間らしさを失い始めているといわれている．

近年は，日常生活の中で履いて歩くことで足が持つ様々な機能を活用し，日常の歩行をトレーニングにすることができる靴の開発が進行している．

〔中村邦子〕

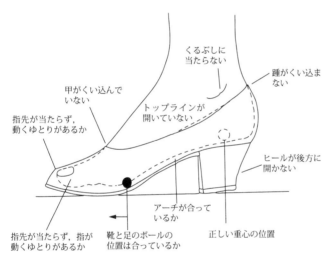

図 5.17 靴の選び方

5.3 ライフサイクルから見た衣服設計

a. 乳幼児の衣服設計

1）乳幼児期の体型

生まれてすぐの新生児から小学校入学までの子供を乳幼児と呼ぶ．

出生時から1年間の身長の伸びは一生のうちで最も大きく，厚生労働省乳幼児身体発育調査（2010年横断的調査［ある年の各年齢の子どものデータから成長の様子を観察する方法］）によると，男児においては出生時の平均値の48.7 cmが74.9 cmに，女児においては出生時の平均値の48.3 cmが73.3 cmとなり，男児は26.2 cm，女児は25.1 cmの伸びが見られる．さらに，1

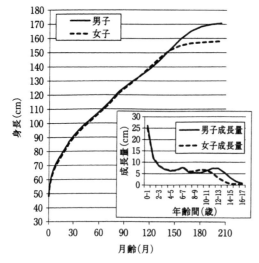

図 5.18　身長の成長曲線と年間成長量（日本家政学会編，2015, p. 390）

歳から2歳になるまでに約12 cm の伸びがある（図5.18）．

　新生児の頭位は胸囲より大きく，腹部が突出した体型で首が短く，手足が短いのが特徴である．

　その後も1〜3歳頃までは，腹部が前に出た反身体型で，胴部が厚く首が短い特徴を持つが，次第に四肢が発達して，頭身指数も増え，4歳くらいには腹部の突出もなくなって全体的に細長い体型となる．

2) 乳児の衣服

　乳幼児期のうち，生後1年くらいまでの子どもを乳児という．

　乳児の衣服には，肌着とその上に着る衣服の2種類がある．

　肌着には，短肌着，長肌着，股が分かれていて裾の内側はスナップ留めをしてズボンのようになるコンビ肌着と，股はスナップ留めだが足は出て自由に動かせるボディ肌着がある．

　その上に着る衣服には，ベビードレスや上衣と下衣が一体となったつなぎ服のカバーオール（ロンパースともいう），ボタンの留め方によってベビードレスにもカバーオールにもなるツーウェイオールなどがある（図5.19）．それらに，おくるみ，ベスト，帽子，靴下，レッグウォーマー，ミトンなどを組み合わせると，冬の寒さに対応した保温性のある着方となる．

　表5.6は乳幼児の運動機能通過率を示したものであるが，生まれてすぐは睡眠時間の長かった乳児も，6ヵ月ほどで寝返りができるようになる．9ヵ月頃には一人座り，はいはい，つかまり立ちができるようになり，1歳頃には歩き始めている．そのため，寝ている時間が多い時期には，ゆとりがあり，体を全体的につつみ，縫い目の少ない服が望ましく，また，親が着脱しやすくおむつ替えが容易にできる前開きのベビードレスやツーウェイオールなどがよい．

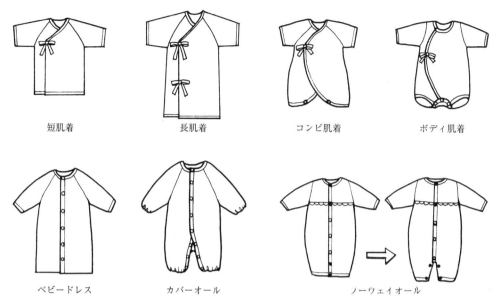

図 5.19 乳児の衣服（岩崎恵子作図）

表 5.6 乳幼児の運動機能通過率

(%)

年月齢	首のすわり	ねがえり	ひとりすわり	はいはい	つかまり立ち	ひとり歩き
2～3ヵ月未満	11.7	1.1				
3～4	63.0	14.4				
4～5	93.8	52.7	0.5	0.9		
5～6	98.7	86.6	7.7	5.5	0.5	
6～7	99.5	95.8	33.6	22.6	9.0	
7～8		99.2	68.1	51.1	33.6	
8～9		98.0	86.3	75.4	57.4	1.0
9～10			96.1	90.3	80.5	4.9
10～11			97.5	93.5	89.6	11.2
11～12			98.1	95.8	91.6	35.8
1年0～1ヵ月未満			99.6	96.9	97.3	49.3
1年1～2				97.2	96.7	71.4
1年2～3				98.9	99.5	81.1
1年3～4				99.4		92.6
1年4～5				99.5		100.0

（厚生労働省：「平成22年度乳幼児身体発育調査」（厚生労働省ウェブサイト）より）

　はいはいなどをするようになったら，動きを妨げない伸縮性のある素材を使った衣服や着くずれしにくいデザインのものにしていく必要があり，たとえば，ロンパースやオーバーオールや，Tシャツとブルーマーなどの組み合わせなどが適している．

　また，乳児は体重のわりに体表面積が大きいため放熱しやすいが，基礎代

謝が成人より高く汗をかきやすいので，吸湿性，吸水性，通気性のよい素材のものを選ぶとよい．

さらに，皮膚が柔らかく刺激に弱いため湿疹やかぶれなど皮膚炎にかかりやすいので，ガーゼや綿メリヤスなど柔らかく肌を刺激しない素材を使用することが望ましい．

また，汗をかいたらなるべく早く着替えさせて皮膚の表面を清潔に保つことが重要であるので，耐洗濯性があり，汚れの目立ちやすい淡色系の色のものを選ぶとよい．衣類を清潔に保つことは皮膚の抵抗力の小さい乳児にとって大切なことであり，尿や便，よだれや食べこぼしなどを放置せず，できるだけすぐに洗濯する．

3) 乳幼児のおむつ

乳幼児のおむつは，素材により布おむつと紙おむつに大別できるが，現在の日本では紙おむつが多く使用されている．

紙おむつの使用期間は約3年間に及び，サイズは28 kg児まで対応できるものや，おむつはずし用の濡れたことがわかるトレーニングパンツなど多種類のものがある（表5.7）．

これらの紙おむつの種類の充実と性能の向上が，おむつはずしの時期を遅らせているともいわれている．また，紙おむつは一般廃棄物として処分され

表5.7 乳幼児用紙おむつの種類と特徴（日本家政学会編：衣服の百科事典，p.396，2015）

	テープ型	パンツ型	パッド
種類			
特徴	おむつ（吸収部分）とおむつカバーが一体となった構造で，両脇をテープでとめて使用	おむつカバーの部分がパンツの形に成形されており，はかせて使用	おむつや下着の内側につけて使用
用途（サイズ）	・レギュラー（新生児用小さめ～ビッグ） ・極低出生体重児用 等	・レギュラー（S～スーパー～ビッグ） ・夜/おねしょ用 ・トイレトレーニング用 ・水遊び用	・夜/おねしょ用 ・トイレトレーニング用
長所	・寝た姿勢での交換に便利（お尻の下に敷いて交換できる） ・テープのとめ方でサイズ調整できる	・子どもも立たせたまま交換できる ・伸縮性があるため，動いても身体にフィットしている	・おむつを使うことを嫌がる子どもも抵抗なく使える ・小型で廃棄物が少ない
短所	・子どもが動くと交換しにくい ・子どもがテープを気にしてはがしてしまうことがある	・大きくて携帯に不便 ・サイズやしめつけ具合の調整はできない	・パッドがズレたりヨレたりして，交換に手間取る

るため，環境負荷が大きい点も問題であろう．日本の紙おむつは高機能で吸水性が高く1枚で数回分の尿を吸収できるが，汚れたままのおむつを着けていることは衛生面や子供の精神面においてもよくないことから，汚れたら早めに取り換えることが望ましい．

一方，布おむつは，下洗いや洗濯が面倒である，おむつ替えの回数が多くて負担，外出時の荷物が多くなるなどの理由で使う人が減っているが，主に綿素材でできているので肌触りがよい，一度購入すれば長く使用できる，排泄のタイミングがわかる，ごみを減らせるなどの良い面も多くあるので，夜と外出時は紙おむつ，昼間は布おむつというように併用を検討するのもよいだろう．

4）幼児の衣服

幼児期は乳児期に比べ行動がさらに活発になるため，産熱量は増え，新陳代謝が激しく皮膚からの汗の量も蒸散量も増える．活動に伴う体温の変動も大きい．したがって，皮膚を清潔に保つためにも，汚れを吸着しやすい素材で，吸湿性，吸水性，通気性がある衣服を選択することが大切である．

また，自分で食事をするようになると食べこぼしも多くなり，遊びも活発になるので汚れも増える．そこで，染色堅牢度の高い，耐洗濯性のある素材やデザインを選ぶとよい．また，ウエストを締め付け過ぎないようにジャンパースカートや柔らかいゴム入りズボンなどを選ぶとよい．

幼児期の衣服には，着衣行動の促進を促すような配慮も必要であり，自分で着脱ができるように，首まわりがやや大きいものや，前あきでボタンやスナップが扱いやすいものを選ぶのも大切なことである．

成長が早い時期なので体より大きめのものを購入しがちであるが，手足の動きを妨げたり，裾を踏んだりして危険なので，適切なサイズのものを着用させることが大切である．

5）子ども服の安全性

近年，子ども服に付いているフードやその引き紐による事故の報告が注目され，より安全性を考慮した子ども服の製造，流通を目的として「JIS L 4129（子ども用衣料の安全性—子ども用衣料に附属するひもの要求事項）」が2015年12月に制定公示されることに決まった．

日本では死亡事故は報告されていないが，欧米では「フードについている紐または首回りの紐が運動場の設備，ベビーベッド，エスカレーターなどに引っ掛かり窒息」，「衣類の腰回りや裾に附属した紐が乗り物の手すりやドアに引っ掛かり引きずられた」などの死亡事故が報告されている．

そこで，「JIS L 4129」では，①年少の子ども用衣料の頭部，頸部の範囲において，ひもの付いたものをデザイン，製造，供給してはならない，②年長の子ども用衣料の引きひもは自由端があってはならない，③年少及び年長の子ども服衣料の後部から出す又は後部で結ぶ引きひも，装着ひも，及装飾ひもがあってはならない，などの規定を作成し，このほかにも，胸部，腰部，

b. 少年少女の衣服設計
1) 少年少女の体型
　JIS の衣料サイズ規格では,「身長の成長が止まっていない乳幼児以外の男子」を少年,「身長の成長が止まっていない乳幼児以外の女子」を少女と定義している. 一般的には, 小学生から中学生を経て成人体型になるまでを少年少女期と呼んでいる.

　体型は, 男女ともに幼児体型から次第に大人のような体型に変化していく. 身長において男子は 10, 11 歳頃には女子よりも低い値を示すが, 12 歳以降では女子を超え, 中学の 3 年間に身長平均値は約 16 cm 伸びる. 一方, 女子は思春期成長の時期が男子よりも 2～3 年早く, 中学の 3 年間では約 5 cm の伸びである (図 5.18). このように思春期は, 男女とも身長が急速に伸びるため比較的細い体型をしているが, その時期を過ぎると男子は筋肉が発達してたくましい体つきになり, 女子は乳房が発達してウエストはくびれ, 皮下脂肪の沈着から女性らしい丸みを帯びた体型になっていく. 高校生以降は男女ともにほとんど大人の体型となる (図 5.20).

2) 少年少女の衣服
　小学生になると, 通学, 遊び, 外出など活動範囲が幼児期よりさらに広がるため, 服種は大人と同じくらいに増えてくる. ファッション雑誌などの影響により流行のファッションに興味を持ったり, ブランドにこだわる子どもも現れる. しかし, ファッション性にだけ注目するのではなく, 衛生面や動作のしやすさなど機能面についても考えなければならない.

　中学生になるとほとんどの子どもが制服を着る. 特に男子は思春期成長のピークを迎えるため, 制服の買い替えが必要である. 女子は身長の伸びが止まりつつある時期であり, 乳房の発達や大人の体型への移行によりファンデーションやランジェリーの着用が始まる.

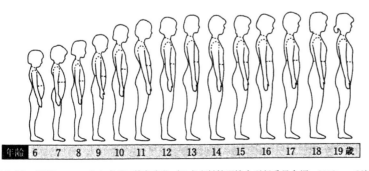

図 5.20 側面シルエットの成長に伴う変化 (日本衣料管理協会刊行委員会編, 2013, p.33)

ファンデーションの中でもブラジャーは，服の上からバストのふくらみがわかる10歳～13歳くらいに着け始める子が多い．近年はガードルやランジェリーのスリップはあまり着用されないようであるが，キャミソールは着用されている．

ブラジャーやガードルなどは，適切なサイズのものを着用しないと，過度な圧迫による体調の変化や擦れによる皮膚の障害が出ることがあるので，購入時には適切なサイズの把握と選択，試着が大切である．また，店頭だけでなくネット通販やカタログ通販での購買も増えているので，購入したい製品のサイズを表から読み取る力も必要である．

c. 成人の衣服設計
1) 男性用の衣服

成人男性は，一般的にビジネス，フォーマル，カジュアルなどの多様な衣類が必要である．

ビジネス用のスーツは，2005年6月から提唱されたクールビズ（夏季に，28℃に設定された冷房環境においても対応できる軽装をしようという運動）の定着により，グレーや紺のウールが多かったスーツの色や素材が多様化し，また，何よりもビジネスシャツが大きく変化した．それまで白系やごく薄いブルー系が主流だったビジネスシャツに，はっきりとした色や柄のものが増え，衿やカフス，前立てのバリエーションもかなり豊富になった．特に衿はレギュラーカラーやボタンダウン以外に，クレリック，ホリゾンタルカラー，ピンホールカラー，タブカラー，ラウンドカラー，スナップダウンなどネクタイをしない代わりに襟元を楽しめるデザインのものが多くなった．

また，サイズにおいてもこれまでの，たとえば「38-82」などの首回りと裄の寸法で表示されていたビジネスシャツのサイズ表示に加えて，範囲表示のS, M, L, LLで表示されているものも多くなり，サイズの選択方法が広がった．

一方，7～8月のネクタイの着用率は2001年に80%であったものが2011年には10%以下になるなど，夏に着用しない人が大幅に増えた（田村，2013）．

素材については，接触冷感を持たせたり，吸湿性，吸水性，透湿性，通気性を持たせたものや，家庭で手軽に洗濯できるウォッシャブルスーツやジャケットの開発も盛んである．たとえば，異型断面繊維を用いた吸汗速乾スーツ，リネン製の吸汗速乾ジャケットなどはよく見られるものである．また，これに対応してウォームビズも拡大しつつあるため，冬用スーツ，コートやジャケット，ズボンの素材や形も，温かさを感じ保つことができる機能性を追求したものが多く出ている．汗などの水分を吸収して発熱する吸湿発熱繊維は肌着やジャケット，ベスト，スポーツウェアなどに使われ，普及している．

下着においても上下ともに，夏は暑さを，冬は寒さを防ぐ機能性素材を使用したデザインのものが多く着用されている．

フォーマルスタイルについては5.2節 c.「フォーマルウェア」にあるよう

に，伝統的なスタイル，ルールや素材のものが今日も引き継がれている．

カジュアルな衣服に関しては，多くのメンズファッション雑誌の刊行に見られるように，男性のファッションに対する興味の度合いが増し，個性と流行を重視した装いをする男性がどの年代においても増えている．カジュアルな衣服として，コート，ジャケット，カーディガン，セーター，ベスト，ポロシャツ，シャツ，ウールパンツ，デニム，チノパンなどは誰もが持っている衣服であり，さらに帽子，ニットタイ，スカーフなどの小物使いを楽しむ男性も増えている．

現在は女性と同様に男性もファッションを楽しむ時代であるといえる．

2) 女性用の衣服

女性が着用する衣服には，ワンピースドレス，スーツ，アンサンブル，コート，ジャケット，スカート，パンツ，デニム，ブラウス，シャツ，カーディガン，セーター，カットソー，ポロシャツなど多くの種類がある．

現在，これらの衣服は，店舗で自分のサイズを探して試着してから購入する場合と，インターネットやカタログを見て好きなときに購入する場合がある．インターネットやカタログでの通信販売では，自分が購入したい商品に必要なサイズを正確に測り，その数値と各商品のサイズ表の数値を見比べてしっかり自分に適したサイズのものであるかを確認することが重要である．無料返品のシステムが整っている最近の通信販売であるが，無駄な商品の行き来がないように心がけたい．

また，成人女性の下着の種類も男性より格段に多い．ブラジャーやショーツのほかに，ガードル，コルセット，ボディスーツなどのファンデーションは年齢が上がるにつれて，体型を整えたり，衣服を着たときのシルエットをよくするために着用者が増える．

近年は，衣服圧がかかりすぎないように素材の開発やデザインの工夫がなされているので大きな衣料障害は起こっていないが，過度な衣服圧がかかったファンデーションを長時間着続けたために，かゆみが出たり，皮膚が擦れたり，気分が悪くなったりすることは十分考えられるため，ファンデーションを選ぶ際にその点についてもよく考慮することが重要である．

また，ストッキングにおいては，サポート力があるものが血流を促進するとのことから，サポートタイプのストッキングが主流になっている．これも自分の下肢にあったストッキングを選択しないと，歩行しているうちに強い力に引っ張られてパンティー部が下がってきたり，サポート力が強すぎて足の一部が痛くなるなどの不快感が生じる．中にはパンティー部の衣服圧が高くガードルより締め付けるものもあるので，少量ずつ様々なタイプのものを購入して履き比べ，心地よいサポート力のものを探すのがよい．

d. 高齢者の衣服設計
1）高齢者の体型

公的機関が行う人口調査や国連のWHO（世界保健機関）では，65歳以上を「高齢者」としている．

この年代の体型は，男女ともに①身長が低くなる，②胴囲や腹囲が増し大腿囲が減少する，③脊柱が変化し肩や背中が丸くなる，④下腹部が前方に出る，⑤首が前に出て腰の重心が後方へ移動する，⑥膝が曲がる，などの特徴がみられる（図5.21）．

さらに，高齢者では，関節の可動域の減少や筋の柔軟性の低下がみられる．温覚，冷覚，触覚，圧覚，痛覚などの皮膚感覚も手指の巧緻性も低下する．

体温調節などの自律神経機能も低下し，寒冷時には皮膚血管の収縮反応が遅れて低体温症を起こしたり，暑熱時には発汗反応が遅れて熱中症になりやすい．また，乳幼児と同様高齢者の皮膚も脆弱であり擦れなどに弱い．

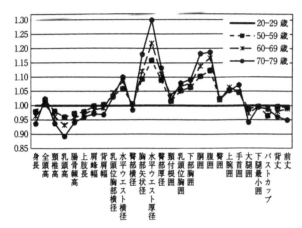

図5.21 高齢者の体型特徴（女性）（人間生活工学研究センター，2008）

2）高齢者の衣服

高齢者の衣服には以下のような配慮が求められる．

①着脱しやすいもの

肩関節の可動域が狭くなるので，袖ぐりがゆったりしていて前開きのものがよい．留め具は大きめのボタンやスナップ，面ファスナー，ファスナーなどが使いやすい．

また，腹部を締め付け過ぎないよう弱めのゴムを使用するとよい．背中周辺にゆとりがあり，軽くて伸縮するものは，着脱を容易にするとともに着用感もよく，動作を妨げないのでよい．

②安全性に配慮したもの

袖口や裾などの過度なゆとりは引っかけや踏み付けの原因になるので，適度なゆとりのものを着用する．靴下はすべり止めのついているもの，また，エプロンや割ぽう着，腕カバーなどは防炎加工がしてあるものを使用し，着

衣着火を防ぐ．

外出時には，車の運転者が視認しやすいように，目立つ部分のある衣服やはっきりした色の衣服を着るのもよい．

③温度の調節ができるもの

重ね着用の軽い衣服，肩掛け，ひざ掛け，手袋，スカーフ，マフラー，レッグウォーマー，腹巻，履き口のゆるい靴下などを適宜利用するとよい．

④適切な素材の選択

肌に直接触れる下着は，肌触りがよくて汚れの吸着にすぐれ，またその汚れが目立ちやすいもの，吸湿性，吸水性，耐洗濯性にすぐれたものがよい．皮膚への負担を考えると柔らかい綿素材が最も適している．冬は保温性のある羊毛混紡のものや中綿入りのキルティング素材のものを使用するのもよい．

⑤心の健康を支えるもの

行動範囲も狭くなり，様々な不安を抱える高齢者が少なくない現在では，好みの衣服や明るい色の衣服を着用することは，ヘアースタイルや化粧を整えることと同様に心を明るくすることに役立つといわれている．喜びや生きがいを感じ，脳を活性化して心の健康を保つためにも気に入った衣服を身に付けておしゃれを楽しむことは大切なことである．

⑥利便性を考えたもの

衣服の内側にポケットを付けると，一度に多くのものを持てない高齢者にとって便利である．荷物を持たなくてよければ杖を使う歩行も安定する．

⑦機能性のある衣服の利用

近年，筋力が低下した高齢者の関節の動きをサポートする下着の開発が進んでいる．テーピングの原理を利用して伸縮性の大きさを変えた素材によって作られた下着は，着用すると関節の動きを補助してくれる（図5.22）．

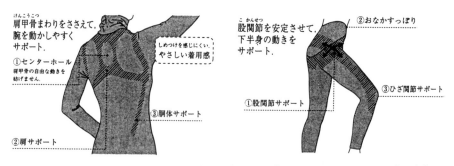

図5.22 腕・脚の動きをサポートする下着の例（ワコール「パンフレット13AW・F-12」より作成）

e． 介護のための衣服設計

1） 要介護者の衣服

介護が必要な人の衣服は，適度なゆとり量，適切な素材，留め具の選択など前項の高齢者の衣服の例と同様の配慮が必要であるが，寝たきりの方や認

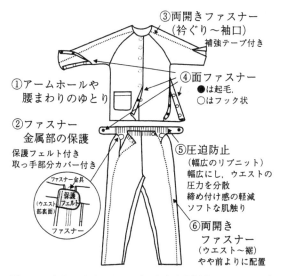

図 5.23　全開タイプパジャマ（日本家政学会編，2015, p. 422）

図 5.24　上下続き服（認知症の方用）（日本家政学会編，2015, p. 423）

知症の高齢者については，介護する側の利便性にも配慮が必要となる．

図 5.23 はおむつ交換や着脱の容易さに配慮した全開できるパジャマの例である．また，図 5.24 は，おむつを外してしまう重度の認知症の方用の上下続きの服である．これには，おむつ外し防止の工夫やおむつ交換のしやすさなどの多くの配慮がなされている．

2) 障害者の衣服

障害者と一口に言っても，障害の状態は個人によりさまざまである．身体のどの部位に障害があるか，日常生活の自立度はどの程度かなどによって衣服の工夫の内容とリフォームする箇所が変わる．個々の障害による不便さを取り除く機能性を持ち，外観上も特殊に見えず気分が明るくなるデザインの衣服が望ましい．表 5.8 は障害の内容と衣服への配慮例を示したものである．

表 5.8 障害の内容と衣服への配慮例（田村編著，2005，p.125 を一部改変）

障害の要素	疾患・障害例	衣服への配慮例
精神的知覚的障害	脳性まひ 四肢麻痺	①衣服の前後，左右，裏表を区別しやすくする． ②ゆとりを多くする． ③簡単で単純な構造にする（ボタンより面ファスナー，靴下はかかとなしなど）．
全身状態（動悸，息切れ，疲労など）の低下	心臓疾患 呼吸器疾患	①衣服の枚数，重量を少なくする． ②着脱が座位，臥位のままできるようにする． ③エネルギーを消費しないように自助具を工夫する．
関節の変形，可動が不自由 疼痛	関節リウマチ 四肢まひ	①伸縮性に富む素材を利用する． ②可動域によっては，衣服を分解して着脱できる形態がよい． ③開きを大きく，前にもってくる． ④留め具は簡単なものにする． ⑤関節の変形に合わせた靴型とする．
筋力の低下	関節リウマチ 四肢まひ 筋ジストロフィー	①衣服の重量を軽くする． ②摩擦抵抗の小さな素材を用いる． ③留め具は力を必要としないものにする（ゴムはゆるめに）． ④手指の把持力が小さい場合は，引っ掛ける，押すなどの力を利用する．
強調運動（巧緻性，コントロール性）の低下 不随意運動の発生	脳性まひ 義肢使用など	①着脱動作の簡単な形態にする（靴下はかかとなしなど）． ②留め具をなるべく使用しないか，簡単なものにする（ボタンより面ファスナー）． ③伸縮性のある素材で，ゆったりしたデザインにする． ④ズボンやスカートはゴム留めにする．
知覚障害 体温調節障害	脊髄損傷	①冬は保温性の高いもの，夏は涼しいもの（個別冷暖房の利用もよい）． ②反射痙性の誘発を防ぐ柔らかい素材． ③廃用部位の皮膚炎・乾燥を防ぐよう工夫する． ④尿路感染や褥瘡に配慮し，清潔な衣服，圧迫の小さな衣服とする．
身体切除	乳癌術後 子宮癌術後	①乳房のバランス用パッドを利用する． ②パッドの不透湿性に対する対策で湿疹の予防が必要． ③強い圧迫をさける．
視覚障害	弱視，盲	衣裳品の種類（特に色）を分別できる表示の工夫．

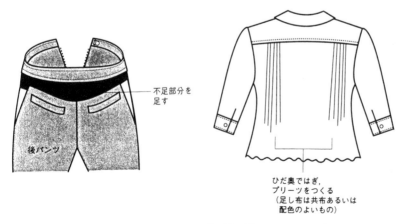

図 5.25 衣服のリフォームの例①（渡辺編，2002，p.40, 43）

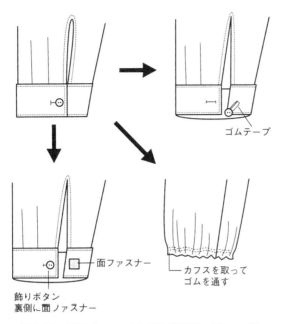

図 5.26 衣服のリフォームの例②(渡辺編, 2002, p. 37)

　また，図5.25は車いす使用者の衣服のリフォームの例である．車いす使用者の場合，ズボンの後ろ上端が下がってしまうので，後ろ股上を深くするとよく，上衣には後ろ側にタックやギャザーを入れ，車いすを操作するためのゆとり分とするとよい．

　図5.26には簡単にできる袖口の改良例を示した．少しの工夫で，一人での衣服の着脱が容易になる好例である．

　障害者の衣服への配慮は，衣服の前後をわかりやすくするなど自分で比較的簡単にできることもあるが，それぞれの障害に応じた，着用者が満足する衣服を作るのにはそれなりの費用がかかることも多い．しかし，既製品を購入してその衣服の一部を改良することで着心地の良いものにすることも可能なので，地域のシルバー人材センターやリフォームの店に頼んでみるとよい．

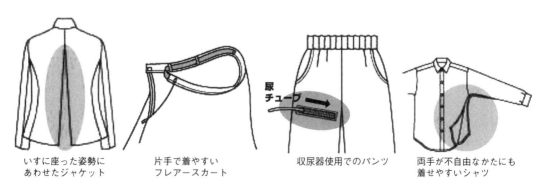

図 5.27 リフォーム店の改良例（リフォームスタジオ(株)「マジックミシン洋服のお直し」ウェブサイトより引用，http://www.magicmachine-rs.com/universal-fashion/index.html）

図 5.27 に実際に店で行ってもらえるリフォームの例の一部を示す．

3）ユニバーサルデザインの衣服

可能な限りすべての人が同じように使える，使い方が簡単でわかりやすい，少ない力で楽に使える，使いやすい大きさや広さである，様々な使い方ができるという特徴を持つユニバーサルデザインの考え方は，衣服にも応用できる．

たとえば，ドルマンスリーブやラグランスリーブの衣服は，障害により腕の動きに制限がある人にも 20 代の若い人にも，年齢や性別，障害の有無にかかわらず受け入れられる優れたデザインだといえる．

また，図 5.28 はユニバーサルボタンの一例である．おしゃれなデザインや色で使いやすいこれらのような小物も少しずつ種類が増えている．今後さらに，高齢者，要介護者，障害者用に特化した衣服ではない，多くの人が，着やすい，着心地がよい，素敵なデザインだと思う衣服が増えていくであろう．

ボタン穴に入りやすいシーソー型ボタン

ボタン足が変形し，穴を通しやすいボタン

柔らかくへこみ変形しやすいソフトボタン

ループが掛けやすいようにボタン穴がずれているループ掛け用ボタン

図 5.28　ユニバーサルボタンの例（(株)アイリスウェブサイトより引用，http://www.iris.co.jp/about/universal/index.php　2015 年 5 月現在）

4）自助具の利用

衣服の着脱用の自助具は決して多くはないが，図 5.29 に示したボタンエイドとソックスエイド，靴べら付きリーチャーは便利である．ボタンエイドは，ボタン穴に輪の部分を通した後，輪にボタンをかけて引き抜いて使用する．ソックスエイドは，まずソックスエイドに靴下を履かせておき，ソックスエイドに足を入れた後それを引き抜いて使う．リーチャーは，衣服の端やボタン穴を引き寄せたり，靴下を下げるときに使う．　　〔松島みち子〕

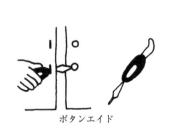
ボタンエイド

ソックスエイド

靴べら付きリーチャー

図 5.29　補助具の例（著者作図）

6 衣服の取り扱い

6.1 衣服の購入

a. 繊維製品の品質表示

衣服をはじめとする繊維製品には家庭用品品質表示法という法律に基づいて，繊維の組成，取扱いに関する表示記号などは直接製品に記載するか表示ラベルを付けなければならない．このような表示は，繊維製品の取り扱い方に関して消費者とアパレル業者との間で誤解がないように，苦情トラブルなどを発生させないようにするためにも重要な意味を持つ．

繊維製品の洗濯などの際にはこの表示を確認する必要があるが，製品購入時にもこの表示ラベルをチェックして，どのような繊維でできているのか，洗濯などの取り扱いが困難でないかなどを理解した上で購入することが望ましい．表示ラベルの例を図6.1に示す．

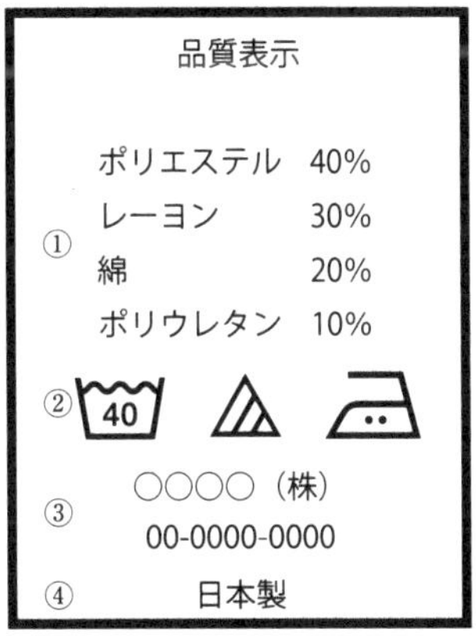

図6.1 表示ラベルの例

1) 家庭用品品質表示法による表示

①組成表示

その繊維製品に用いられているすべての繊維の名称と，混用の割合を百分率で表示する．その際，家庭用品品質表示法で指定用語に指定されていない繊維については，"指定外繊維"と表示する．また，前身頃，後身頃，袖，衿，裏地などが違う素材を使用している場合は，部分ごとに表示することが定められている．

②取扱い絵表示

洗い方はどうすればよいのか，アイロン温度はどのくらいかなど，繊維製品の取扱い方法が表示記号によって示され，記号はJISで規定されている．現在のJISは繊維製品の生産および流通のグローバル化に対応するため，また従来より国内に普及しているパルセータ式の洗濯機へだけでなく，近年多く普及しているドラム式洗濯機にも対応するため，JIS L0217（1995）とISO 3758のケアラベルと整合化して2014年10月に制定された．2016年12月より，衣服などの繊維製品の洗濯表示は，この新JISに変更される．洗濯表示記号を表6.1に示す．

ここで旧JISから新JISへの改正のポイントについて解説する．

6. 衣服の取り扱い

表 6.1 新 JIS の洗濯表示（JIS L0001）

洗濯処理

記号	記号の意味
95	液温は95℃を限度とし，洗濯機で洗濯ができる
70	液温は70℃を限度とし，洗濯機で洗濯ができる
60	液温は60℃を限度とし，洗濯機で洗濯ができる
60	液温は60℃を限度とし，洗濯機で弱い洗濯ができる
50	液温は50℃を限度とし，洗濯機で洗濯ができる
50	液温は50℃を限度とし，洗濯機で弱い洗濯ができる
40	液温は40℃を限度とし，洗濯機で洗濯ができる
40	液温は40℃を限度とし，洗濯機で弱い洗濯ができる
40	液温は40℃を限度とし，洗濯機で非常に弱い洗濯ができる
30	液温は30℃を限度とし，洗濯機で洗濯ができる
30	液温は30℃を限度とし，洗濯機で弱い洗濯ができる
30	液温は30℃を限度とし，洗濯機で非常に弱い洗濯ができる
(手洗い)	液温は40℃を限度とし，手洗いができる
(桶×)	家庭での洗濯禁止

タンブル乾燥

記号	記号の意味
◉◉	タンブル乾燥ができる（排気温度上限80℃）
◉	タンブル乾燥ができる（排気温度上限60℃）
⊠	タンブル乾燥禁止

自然乾燥

記号	記号の意味
｜	つり干しがよい
／｜	日陰のつり干しがよい
‖	ぬれつり干しがよい
／‖	日陰のぬれつり干しがよい
—	平干しがよい
／—	日陰の平干しがよい
＝	ぬれ平干しがよい
／＝	日陰のぬれ平干しがよい

ドライクリーニング

記号	記号の意味
P	パークロロエチレン及び石油系溶剤によるドライクリーニングができる
P (下線)	パークロロエチレン及び石油系溶剤による弱いドライクリーニングができる
F	石油系溶剤によるドライクリーニングができる
F (下線)	石油系溶剤による弱いドライクリーニングができる
⊠	ドライクリーニング禁止

ウェットクリーニング

記号	記号の意味
W	ウェットクリーニングができる
W (下線)	弱い操作によるウェットクリーニングができる
W (二重下線)	非常に弱い操作によるウェットクリーニングができる
⊠W	ウェットクリーニング禁止

漂白処理

記号	記号の意味
△	塩素系及び酸素系の漂白剤を使用して漂白ができる
△ (斜線)	酸素系漂白剤の使用はできるが，塩素系漂白剤は使用禁止
⊠	塩素系及び酸素系漂白剤の使用禁止

アイロン仕上げ

記号	記号の意味
アイロン •••	底面温度200℃を限度としてアイロン仕上げができる
アイロン ••	底面温度150℃を限度としてアイロン仕上げができる
アイロン •	底面温度110℃を限度としてアイロン仕上げができる
⊠	アイロン仕上げ禁止

6.1 衣服の購入　119

表 6.2 旧 JIS の洗濯表示（JIS L0217）

洗い方（水洗い）

記号	記号の意味
95	液温は95℃を限度とし，洗濯ができる．
60	液温は60℃を限度とし，洗濯機による洗濯ができる．
40	液温は40℃を限度とし，洗濯機による洗濯ができる．
弱40	液温は40℃を限度とし，洗濯機の弱水または弱い手洗いがよい．
弱30	液温は30℃を限度とし，洗濯機の弱水流または弱い手洗いがよい．
手洗イ30	液温は30℃を限度とし，弱い手洗いがよい．（洗濯機は使用できない）
✕	水洗いはできない．

塩素漂白の可否

記号	記号の意味
エンソサラシ	塩素系漂白剤による漂白ができる．
エンソサラシ✕	塩素系漂白剤による漂白はできない．

アイロンの掛け方

記号	記号の意味
高	アイロンは210℃を限度とし，高い温度（180〜210℃）で掛けるのがよい．
中	アイロンは160℃を限度とし，中程度の温度（140〜160℃）で掛けるのがよい．
低	アイロンは120℃を限度とし，低い温度（80〜120℃）で掛けるのがよい．
✕	アイロン掛けはできない．

ドライクリーニング

記号	記号の意味
ドライ	ドライクリーニングができる．溶剤はパークロロエチレンまたは石油系のものを使用する．
ドライセキユ系	ドライクリーニングができる．溶剤は石油系のものを使用する．
✕ドライ	ドライクリーニングはできない．

絞り方

記号	記号の意味
ヨワク	手絞りの場合は弱く，遠心脱水の場合は短時間で絞るのがよい．
✕	絞ってはいけない．

干し方

記号	記号の意味
（つり干し図）	つり干しがよい．
平	平干しがよい．
（日陰つり干し図）	日陰のつり干しがよい．
平（日陰）	日陰の平干しがよい．

・取り扱い時の機械力の強さや処理温度などは，表示以上の作用を加えると製品にダメージを与えてしまう上限を表示する（上限表示）．

・洗い方の強さについては，ドライクリーニング，ウェットクリーニング*も含め，横棒1本（－）は"弱い"，横棒2本（＝）は"非常に弱い"操作を示す．

・アイロンや乾燥機の温度はドット（・）の数で表し，数が多いほど高い

*ウェットクリーニングとは，クリーニング店が行うプロによる水洗い洗濯のことである．

表6.3　繊維製品の品質マークの表示例

団体名	マーク	内容
ザ・ウールマーク・カンパニー・ピーティーワイ・リミテッド（TWC）	ウールマーク	新毛100％で作られた製品で，素材検査や縫製検査に合格した製品につけられる． その他に，新毛の混率が50％以上の製品につけられる"ウールマークブレンド"，新毛30～50％混率のウールブレンドの製品につけられる"ウールブレンド"がある．
日本紡績協会	コットンマーク	紡績から縫製まで国内で製造された製品に付けられるマーク．綿100％用の"ピュア・コットン・マーク"と，綿50％以上用の"コットン・ブレンド・マーク"がある． 製品が日本製であり，かつ高品質であることを示す．
ジャパンシルクセンター	純国産絹マーク	国産の繭を原料とし，国内で製造・加工および縫製された純国産絹製品であることを示す．
日本繊維製品品質技術センター（QTEC）	SIF（シフ）マーク	アパレルの品質管理と製品信頼性を評価して，それが認証された事業者が表示できるマークである．
ユニバーサルファッション協会	Uマーク	年齢，体型，障害などに関係なく誰もがファッションを楽しめるように配慮した商品や，介護衣料や障害に対応した衣服，靴，生活用品などにつけられる．
日本アパレル産業協会	エコメイトマーク	リサイクルをしやすくするため5種類の基準を設定し，その基準に適合した衣服につけられるマーク．

温度を示す.

・酸素系漂白剤, タンブル乾燥, ウェットクリーニングに関する表示記号が追加された.

・絞り方と記号への付記（洗い方における中性洗剤を示す"中性","ネット使用"アイロンの掛け方における"あて布"）に関しては廃止される.

・表示の順序は表6.1の順番, すなわち, 洗濯→漂白→タンブル乾燥→自然乾燥→アイロン→ドライクリーニング→ウェットクリーニングとする.

なお, 2016年12月より前に購入した衣服は, 旧JISによる表示が付いていることから, JIS L0217による記号とその意味も併せて示す（表6.2）.

③表示者名および連絡先

責任の所在を明らかにするため, 表示責任者あるいは会社名および住所または電話番号を明記することが定められている.

④原産国

衣服の材料（繊維, 糸, 布）の生産国ではなく, 縫製を行った国名を表示する.

⑤付記用語

さらに, 表示ラベルだけでは十分に製品の取扱い情報を伝えられない場合, 説明文を短い場合はラベルに記載したり, 長い場合は「取扱い上のご注意」などの札を付けたりする.

2) 任意表示

繊維製品の表示には前述のような法律に基づいてつけられる表示以外に, 業界団体や各種団体が独自の品質基準を設け, その基準に適合した製品につけるマークがある. そのマークがついた製品が, 確かな品質であることを保証するものである. 繊維製品を購入する際の参考にするとよい. 主な自主表示を表6.3に示す. SEKマークは, 衣服の素材の項を参照のこと.

〔松梨久仁子〕

b. 衣服のサイズ
1) JIS衣料サイズとは

ファッションのグローバル化が進むなか, 衣服のサイズシステムは各国内はもとより, 同じ企業内でも服種により使用しているサイズシステムが異なっている. 各国で使用されているサイズ表記は様々であり, サイズ表記だけでは実際の寸法を推しはかることが難しい. ISO（国際標準化機構）は国際的に共通な規格や標準類を制定するための国際機関であり, 日本のJIS衣料サイズはISOに準拠して決められている. JIS衣料サイズは, 生産者にとっては精度と生産効率を高め, 市場を混乱させることなく衣料品を流通させることに, また, 消費者にとっては的確に自分の求める衣服を選ぶことに役立っている.

2）JIS 衣料サイズ制定の経緯

日本における体格調査はこれまでに4回実施されてきたが，日本ではじめて実施されたのは1965～1967年であった．現在のJISは第3回の1992～1994年に（社）人間生活工学研究センター（HQL）を中心に全国的に実施された約34,000人の人体計測データベースに基づいている．現在のJIS衣料サイズ規格はこれに基づきJIS L4001～4007および4107に定められている．

第4回の人体計測は，2004～2006年に東京，大阪，神戸の3ヵ所で6,742人に対し155の測定項目と3次元による人体計測が行われた．このデータの分析では，1992～1994年測定結果と比較して，中高年の男子に肥満が多くなり，若い男性はチェストとウエストの差の大きい人が増加，成人女子のバストとアンダーバストの差の少ない人の割合が増える，などの変化傾向がみられたが，1992～1994年データと計測法の異なる項目もあり，またJISの規格範囲を変更するほどの変化ではないと判断され，改訂は見送られている．

3）JIS 衣料サイズの内容

JIS衣料サイズは，着用者区分，服種，基本身体寸法，サイズの呼称，サイズの表示方法，サイズピッチ（サイズ間隔），体型区分の要素から成り立っており，対象衣服によって様々な表示法が用いられている．

6歳までの乳幼児服の代表的なサイズ表示例を表6.4に示したが，乳幼児期には，体重が体型を表す重要な測度として扱われている．身長95 cm以下では身長と体重の二元表示が多く，身長100 cm以上の幼児から少年少女の衣服サイズは身長のみの一元表示となっていることが多い．これは成長期における身長と体重の相関が成人と比べ高いためである．

少年少女用ではA体型を標準体型として，胸囲または胴囲がA体型より6 cmピッチで小か大かにより，Y体型（6 cm小），B体型（6 cm大），E体型（12 cm大）の区分を行っている．

成人男子用では胸囲-胴囲（ドロップサイズ）により，2～4 cmピッチ（サイズ間隔）で，ドロップサイズ12 cmをA体型，ドロップサイズ16 cmをY体型，0 cmをE体型とし，J，JY，Y，YA，A，AB，B，BB，BE，Eの10体型に区分している．また身長は170 cmを5号とし，5 cmピッチで身長150～190 cmまで9サイズが展開されている．

成人女子用では，腰囲が標準のA体型より4 cmピッチで小か大かにより，

表6.4 乳幼児服のサイズ表示例

身長（cm）	体重（kg）
75.0	10.0
80.0	11.0
90.0	13.0
95.0	14.0
100.0	
110.0	

表6.5 成人女子用衣料のサイズ

おもな身体項目	サイズピッチ（cm）
身長	148, 156, 164 cm
胸囲	73 cmから3 cmピッチ，88 cm以上4 cmピッチ
胴囲	57 cmから3 cmピッチ
腰囲	80 cmから2 cmピッチ

A，Y，AB，B の 4 体型に区分している．標準の 9A 体型はバスト 83 cm，ヒップ 91 cm の体型であるが，たとえば 9Y 体型は，バストが 83 cm，ヒップは A 体型より 4 cm 小さい 87 cm となる．

これらの体型区分は，フィット性を要する品目に適用され，これに身長寸法を加えることで服種別のフィット性の必要度に応じて，一元から三元のサイズ表示を行っている．

これらが衣服寸法に反映されれば，かなりフィット性が高まると考えられるが，実際には服種やメーカーによって表示寸法が異なり，一貫性がなく，JIS の体型区分が定着しているとはいいがたい．この原因は JIS 衣料サイズが法律で規制されていないため，企業に徹底させることが困難なことにあると考えられる．

4）身体寸法の表示区分

アパレルの生産効率を高めるためには，少ないサイズ数でフィット性の高いサイズシステムを作ることが望ましいが，フィット性を高めるためには詳細なサイズ区分が必要となる．1997 年に改正された JIS L4005 成人女子用衣料のサイズによる身体寸法別の表示範囲は表 6.5 のとおりであり，今日もこの表示が使われている．

身長が 142（PP），150（P），158（R），166（T）の 4 段階となり，それぞれに，バスト，ウエスト，ヒップのサイズ範囲が用意されているのが，本 JIS の特徴である．これにより，バストの大きい人の衣服が，着丈も袖丈も長くなってしまうという問題は改善されているが，多くのメーカーがこの身長区分をあまり用いていないのが現状である．胸囲のサイズピッチは 3 cm であるが，ISO では 4 cm ピッチを採用している．グローバル化するアパレル業界においては，サイズやピッチを国際的に統一性するという考え方もあるが，日本国内の生産体制が 3 cm ピッチで定着しているため，4 cm ピッチに変更することはむずかしい状況にある．しかし，バスト 88 cm 以上は，ゆとり量を考慮し，4 cm ピッチを採用している．ピッチに関しては各国それぞれに確立しており，ピッチの変更はアパレル業界に与える影響が大きい．また，体型や体格も民族によって異なるので，むしろ各国の主体性を重んじる必要があるとの考え方もある．

このように少年少女用以後の衣料サイズは，衣服のフィット性の必要度に応じ，体型区分と身体寸法の表示区分を組み合わせて整然とした表示が行われている（表 6.6）．また JIS 衣料サイズで表示される数値は基本身体寸法で，あくまで着用する人の身体計測値であるバスト，ウエスト，身長ヒップなどの寸法であり，衣料品の出来上がり寸法ではないことを認識しておく必要がある．たとえば JIS 衣料サイズ規格の成人女子の M サイズはバスト 79〜87 cm，ヒップ 87〜95 cm，ウエスト 64〜70 cm，身長 154〜162 cm を基本身体寸法としているが，市場にある衣料品の出来上がり寸法は，この基本身体寸法を基本に着用のためのゆとり量や，デザインにより様々な数値で作成され

表6.6 着用者別体型区分の種類と定義（日本ファッション教育振興協会）

成人女子体型区分表示

1. A・Y・AB・B体型の定義

体型	意味
A体型	日本人の成人女子の身長を142 cm, 150 cm, 158 cmおよび166 cmに区分し，さらにバストを74～92 cmを3 cm間隔で，92～104 cmを4 cm間隔で区分したとき，それぞれの身長とバストの組合せにおいて出現率が最も高くなるヒップのサイズで示される人の体型.
Y体型	A体型よりヒップが4 cm小さい人の体型.
AB体型	A体型よりヒップが4 cm大きい人の体型. ただし，バストは124 cmまでとする.
B体型	A体型よりヒップが8 cm大きい人の体型.

2. R・P・PP・Tの意味
- R 身長158 cmの記号で，普通を意味するレギュラー（regular）の略である.
- P 身長150 cmの記号で，小を意味するPはプチ（Petite）の略である.
- PP 身長142 cmの記号で，Pより小さいことを意味させるためPを重ねて用いた.
- T 身長166 cmの記号で，高いを意味するトール（Tall）の略である.

範囲表示

1. 身長138～146 cm　　　　単位cm

呼び方		MPP	LPP
基本身体寸法	バスト	79～87	86～94
	身長	138～146	

2. 身長146～154 cm　　　　単位cm

呼び方		SP	MP	LP	LLP
基本身体寸法	バスト	72～80	79～87	86～94	93～101
	身長	146～154			

3. 身長154～162 cm　　　　単位cm

呼び方		S	M	L	LL	3L
基本身体寸法	バスト	72～80	79～87	86～94	93～101	100～108
	ヒップ	82～90	87～95	92～100	97～105	102～110
	身長	154～162				
	ウエスト	58～64	64～70	69～77	77～85	85～93

4. 身長162～170 cm　　　　単位cm

呼び方		ST	MT	LT
基本身体寸法	バスト	72～80	79～87	86～94
	身長	162～170		

成人男子体型の定義と記号

J体型	胸囲と胴囲の寸法差が20 cmの人
JY体型	胸囲と胴囲の寸法差が18 cmの人
Y体型	胸囲と胴囲の寸法差が16 cmの人
YA体型	胸囲と胴囲の寸法差が14 cmの人
A体型	胸囲と胴囲の寸法差が12 cmの人
AB体型	胸囲と胴囲の寸法差が10 cmの人
B体型	胸囲と胴囲の寸法差が8 cmの人
BB体型	胸囲と胴囲の寸法差が6 cmの人
BE体型	胸囲と胴囲の寸法差が4 cmの人
E体型	胸囲と胴囲の寸法差が0 cmの人

（表示例）パンツスーツ

寸法列記表示

	(1)	(2)
	サイズ	サイズ
上着	バスト　83　ヒップ　91　身長　158	バスト　83　ヒップ　91　身長　158　ウエスト　64　また下丈　74
ズボン	ウエスト　64　ヒップ　91　また下丈　74	
	9AR	9AR

サイズ絵表示

83 / 64 / 91 / 158 / また下丈 74 / 9AR

ているのである．ただし，たとえばスラックスのまた下寸法やYシャツの桁，靴下のサイズなどごく一部の特定衣料品では特定部位を表す場合のみ衣料品の出来上がり寸法を示すものもある．　　　　　〔大塚美智子〕

6.2 衣服の手入れ

衣服をつねに清潔に整え，着心地や機能を保つことは，心身の健康にとって重要である．また，衣服の外観や形態の美しさを維持することは，大切な衣服を長く着続けることを可能にする．そのためには，日常の手入れを適切に行う必要がある．ここでは，家庭洗濯と柔軟剤やアイロンを使った仕上げ，ドライクリーニングを中心とした商業洗濯について述べる．

a. 衣服の汚れ
1）汚れの分類

汚れを効率よく除去するためには，汚れの原因を特定し，その性質を知っておく必要があるが，衣服についた汚れは，原因が特定できないものも多く，時間が経ってはじめて気づくことも多い．

汚れを原因で分類すると，着用した衣服の内側からの汚れ，つまり皮脂や汗等の身体分泌物による汚れと，外側からの汚れ，つまり生活環境からの汚れに分けることができる．内側からの汚れである身体分泌物はタンパク質と油脂との複合汚れが多く，性別や年齢などの個人差も影響する．外側からの汚れには，食品や化粧品，インクなどのほか，ほこりや排気ガス，浮遊粒子状物質（SPM）や放射性物質なども考えられる．これらは地域や天候などが影響する．

汚れを性質で分類すると，表6.7のように水溶性汚れ，油性汚れ，固体粒子汚れに分けることができる．

2）汚れの付着

衿や袖口などのように汚れに接触することによる汚れ以外にも，静電気によって汚れが吸着することもある．特にポリエステルなどの疎水性繊維は疎水汚れを引き寄せる．また，色素が繊維の分子と化学結合すると落ちにくいシミとなる．さらに，繊維や糸，布地の表面に凹凸があると汚れが付着しやすくなる．

b. 洗剤の成分とはたらき

汚れを除去するために，水と洗剤による洗濯を行う．家庭用洗剤は，汚れ落としの主役となる界面活性剤と，その働きを助ける洗浄補助剤（ビルダ

表6.7 汚れの性質による分類

	汚れの例
水溶性汚れ	汗，尿，血液，食品（果汁，しょうゆ等），インク，水性ペン
油性汚れ	皮脂，化粧品，食品（油脂，ソース等），ボールペン，ペンキ
固体粒子汚れ	墨汁，えんぴつ，鉄さび，泥，すす，SPM，火山灰，放射性物質

ー），その他の添加剤とからなる．

1）界面活性剤とは

界面活性剤は分子構造の中に水になじみやすい親水基と，油になじみやすい疎水基（または親油基）の2つの部分を持っている．この構造が，本来混じり合わない水と油を混ぜ合わせるのに役に立ち，汚れを落とす働きにつながる．親水基がマイナスの電荷を持つものを陰イオン界面活性剤といい，洗濯に使われる代表的なものとしては，天然油脂から作られる石けん（脂肪酸塩）や，石油から作られるLAS（直鎖アルキルベンゼンスルホン酸塩）などがある．その他には，水中で電荷を帯びない非イオン界面活性剤であるAE（ポリオキシエチレンアルキルエーテル）などがある．

2）界面活性剤の働き

界面活性剤の働きには①浸透作用，②乳化作用，③分散作用，④再付着防止作用などがある（図6.2）．

①浸透作用：ウールなど水をはじく繊維を水に浸しても，繊維の中に水は浸透していかない．これは界面張力（水の分子どうしが引き合う力）が強く働いているためである．水に界面活性剤を入れると界面張力が下がり，繊維の表面と水がなじみやすくなり，繊維がぬれやすくなる．

②乳化作用：水に油を混ぜようとしても分離してしまうが，界面活性剤を加えると，界面活性剤の疎水基が油の粒子を取り囲み親水基が外側に並ぶため，水と油が均一に混ざり合うことができる．汚れもこのように界面活性剤に取り囲まれる．

③分散作用：ススのような粉体を水にいれると，混ざり合わずに表面に浮かんでしまう．ここに界面活性剤を入れると，ススの粒子は界面活性剤の分子に取り囲まれて，水中に分散する．

④再付着防止作用：引き離された汚れは界面活性剤の分子に取り囲まれて乳化，分散している．これと同時に汚れどうしが凝集するのを防ぎ，除去した汚れが再び洗濯物につくことを防ぐ．

3）洗浄補助剤（ビルダー），その他の添加剤

洗浄補助剤（ビルダー）とは，界面活性剤と併用することで洗浄力を著しく増強する物質のことである．ビルダーの主な作用には，アルカリ緩衝作用，金属封鎖作用，分散作用などがあり，洗剤に数種類配合されている．

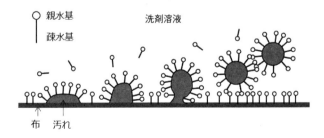

図6.2　界面活性剤の構造とのはたらき

アルカリ緩衝作用とは，皮脂などに含まれる酸性の汚れが入った洗濯溶液のpHをアルカリ性に保ち，汚れを除去しやすくする働きである．金属封鎖作用は，水に含まれるCaイオン，Mgイオンを取り込んで封鎖し，陰イオン界面活性剤の洗浄力低下を防ぐ働きである．分散作用とは，凝集している粒子汚れを水中に分散し，繊維への再付着を防止する働きである．

添加剤は，洗剤の性能を向上させたり付加価値を高めたりするために配合されるもので，蛍光増白剤や酵素，漂白剤，香料などがある．蛍光増白剤とは染料の一種であり，紫外線を吸収して青紫から青緑の光を反射することで衣服をより白く見せるものである．淡い色の衣服は蛍光増白剤で白っぽく変色するため，無蛍光の洗剤を使用するとよい．

c． 家庭洗濯

家庭洗濯では一般に洗濯機による洗濯が行われる．近年の洗濯機は自動的に洗濯条件を設定するため，消費者はスイッチを押すだけでことが足りるのが現状である．しかし，洗濯の条件として，水の量と温度，洗剤の種類と量，洗濯に要する時間などによって洗浄効果が異なってくる．また，素材によっては洗濯方法を変える必要があり，それは消費者自身が判断しなければならない．

ここでは，家庭洗濯の手順と洗浄条件について，基本的な事柄を述べるとともに，洗濯機を用いた家庭洗濯の注意点について述べる．

1） 洗濯の手順

洗濯の手順は，被洗物の点検と仕分け，しみ抜きと予洗，本洗い，脱水，すすぎ，脱水，乾燥である．洗濯機の使用が主流である現在，最も重要なことは被洗物を点検し，適切な洗濯条件を設定することである．点検する事項は，繊維の種類，布地の構造，縫製，汚れの程度，しみの有無，損傷の有無，染色堅牢性等である．このとき，衣服についている組成表示と取り扱い絵表示を参考にするとよい．

ほつれやボタンのゆるみは事前に修繕しておき，デニムなど色落ちの心配のあるものは分けて洗う．また，汚れが激しいものは他の被洗物を汚染する可能性があるため，分けて洗濯するか，予洗しておく．酵素洗剤によるつけ置きも有効である．40℃程度の温水に通常よりも高濃度の酵素入り洗剤を用いて浸漬する．50℃以上では酵素が失活し，再汚染も起きやすくなる．なお，水や温水のみのつけ置きはあまり効果がなく，再汚染する可能性がある．

2） 浴比

洗濯に用いる水量は，被染物の質量（kg）と水の体積（L）との比である浴比で表すことができる．浴比は洗濯機の種類によって異なる．一般にタテ型では1：17，ドラム式では1：8程度が平均的な値とされている（山田，2011）．浴比には適切な値が存在し，浴比が大きすぎても小さすぎても洗浄力が低下する．

3）洗剤の種類と使用量の目安

　洗濯用合成洗剤には，粉末と液体のタイプがある．現在はドラム式洗濯機の普及に伴い液体が主流になりつつある．また，計量不要な洗濯用パック型液体洗剤も発売されている．これは濃縮液体洗剤を水溶性フィルムで包んだものである．

　また，液性の違いによって弱アルカリ性洗剤と中性洗剤がある．綿やポリエステルなどは弱アルカリ性洗剤を用いるが，羊毛や絹などのタンパク質系の繊維はアルカリ性に弱いため，中性洗剤を用いる．

　洗剤の使用量については，一般に界面活性剤の濃度が高くなると洗浄力は増加する．しかし，ある程度の濃度以上では洗浄力は増加しなくなり，さらに濃度が高くなると洗浄力が低下することが知られている（図6.3）．このことから，適正な濃度が存在することがわかる．界面活性剤の環境への影響を考え，洗剤の使用量を必要最小限にとどめる必要がある一方で，濃度が低すぎると汚れの除去が不完全になり，残った皮脂汚れなどが変色を招くなど衣類の寿命を縮めることにつながる．やはり適正な使用量を判断する必要がある．

　それでは，適正な使用量をどのように判断したらよいだろうか．洗剤の使用量の目安については，家庭用品品質表示法によってわかりやすく表示するよう義務づけられている．それには，「水30Lに対して20g」というような水量に対して洗剤量を決める方法と，被洗物の重量に対して決める方法があるが，現在は後者が主流である．洗濯機が自動計量して洗剤の量を表示する場合もあるが，洗剤の種類はメーカーによって様々であるため，体重計などを利用して被洗物の重量を把握し，洗剤の表示に従って使用量を決め，さらに汚れの程度に応じて洗剤の量を調節することが望ましい．

4）洗濯温度

　界面活性剤による汚れの除去は化学反応によるものである．したがって，一般的な化学反応と同様に，温度が高くなると反応速度が増加し，洗浄効率が高まる．しかし，被洗物のなかには，毛や絹などのタンパク質繊維といっ

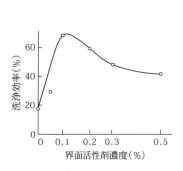

図6.3 洗剤の量と洗浄効率（40℃，30分の洗浄後の結果）（中西，2007，p.88）

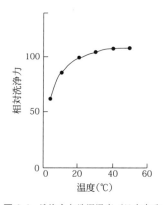

図6.4 洗浄力と洗濯温度（日本家政学会編，1991）

た熱によって変質するものもある．血液のようなタンパク質汚れも熱変性によって固体化し，除去しにくくなる．さらに洗剤に配合されている酵素剤もタンパク質の一種であるため，高温洗浄では活性を失う恐れがある．また，色落ちや汚れの再付着も促進される．このように洗浄温度を高くすることにはデメリットもある．

一般的に，洗浄温度が上昇すると洗浄力も上昇するが（図 6.4），洗浄効果や消費エネルギーなどと併せて考えると 30〜40℃程度が適当といえる．ドラム式洗濯機では温水機能がついているものもある．また，風呂の残り湯の利用は温度と節水という観点から近年見直されており，すすぎにも用いる例が増加しているが（山田，2011），汚れや菌が付着するおそれがあるため，すすぎには水道水を使用したほうがよい．

5）洗濯時間

洗濯時間が長くなると洗浄力も上昇する．しかし，図 6.5 のように，洗浄力は洗浄初期に急激に上昇し，次第に変化が小さくなる．また，洗濯時間が長くなれば再付着も増加する．したがって，汚れが落ちにくい場合は，洗濯時間を長くするのではなく，水を入れ替えて二度洗いするほうが効果的である．

洗濯時間は一般に，タテ型洗濯機の場合 7〜10 分程度，ドラム式の場合 8 分〜15 分程度である．

6）機械力

洗剤溶液に被洗物を浸漬しただけでは汚れは除去できない．機械力は洗濯にとってかかせないものであり，家庭洗濯では洗剤の力と機械力がほぼ同程度の寄与をしていると推定されている（柏ほか，1971）．図 6.6 のように洗濯機による機械力にも種類がある．タテ型洗濯機は渦巻き状の水流による力と被洗物どうしの摩擦が機械力となるため，被洗物が多すぎても少なすぎても洗浄力低下につながる．ドラム式では叩き洗いの力によって汚れを除去して

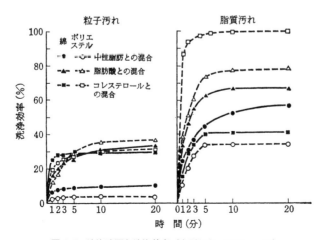

図 6.5　洗浄時間と洗浄効率（中西ほか，1990，p. 39）

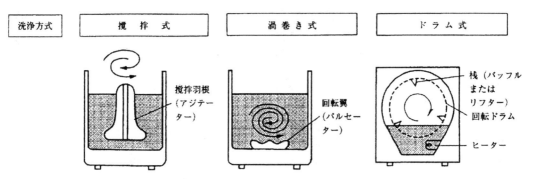

図 6.6 洗濯機の洗浄方式（ライオン家庭科学研究所, 1997, p. 12）

おり，タテ型よりも機械力は小さい．ドラム内での落下距離が機械力の大きさに影響するため，被洗物は少ないほうが洗浄効率がよいといえる．

一般に機械力が大きいと洗浄力も高くなると考えられるが，一方で被洗物の損傷や変形を招くことがある．羊毛は機械力によって収縮し，絹は風合いが劣化しやすいので手洗いが望ましい．また，デリケートな生地や手縫いが施されているものは弱い手洗いにするか，洗濯ネットに入れて機械力を弱めるようにする．

7）すすぎ，脱水，乾燥

すすぎにはためすすぎと流しすすぎがあるが，流しすすぎは水の使用量が多いわりには効果が低いとされる．節水の観点からもためすすぎを行い，汚れが多い場合には回数を増やすことが効果的である．洗剤の中にはすすぎは1回でよいとうたっているものがあるが，汚れが少ないことと洗剤の量が適正であることが前提となる．すすぎの不足はかびの発生を招き，生乾きの悪臭につながる．また，すすぎの水温は40℃程度だと効果が高い（岩崎，1984）．

乾燥は天日干しと乾燥機による方法があるが，いずれにしても短期間で行うことが望ましい．水分が長時間残留すると，かびや悪臭の原因となるためである．ライフスタイルの変化や住宅事情によって天日干しが難しいケースもあるが，天日干しでは紫外線による殺菌効果が期待される．一方で，羊毛，絹，ナイロン，ポリウレタンなどは紫外線で黄変，脆化するので陰干しにする必要がある．

d. 漂白としみ抜き

衣類についた部分的な汚れをしみという．しみ抜きは，①水洗いできない衣類の場合，②汚れが部分的で丸洗いの必要がない場合，③洗濯では除去できない汚れの場合に行う．しみは時間とともに変質し除去がしにくくなる．長時間経つとかびや虫害の原因となって繊維を損傷することがあるため，すみやかに除去する必要がある．

しみ抜きでは繊維素材，しみの成分に応じた適切な方法で行うことが重要

である.ここでは,しみ抜きの手順としみ抜き剤について述べる.

1) しみ抜きの手順

しみの成分が不明の場合も多い.そのようなときははじめに,しみが水溶性か油性かを判別する.しみの部分に水滴をつけてしみ込むようなら水溶性の可能性が高い.水溶性のしみは水や洗剤溶液で,油性のしみは有機溶剤か洗剤溶液で溶解して除去する.

次に,下敷き布をしみの下に置く.しみ抜き剤を綿棒などにしみ込ませ,しみを叩いて下敷き布に吸い取らせる.その際,外側から内側に向かって進め,しみを広げないようにする.また,こすって生地を傷めないように注意して行う.また,固形のしみには,もむ,ブラシでたたく,こする,削るなどが有効である.

2) しみ抜き剤

しみ抜き剤には一般に,洗剤,有機溶剤,漂白剤などが用いられる.蛍光増白剤配合の洗剤は色むらの原因になるので使用しないほうがよい.石油ベンジンは油性のしみ抜きに広く使われている.アセトンは除光液の主成分であり,手に入りやすいが,アセテートに使用すると繊維が溶解する.最終的に残った色素には漂白剤を用いる.漂白剤には種類があるため,繊維に適したものを薄めて用いる.表6.8にしみの種類としみ抜き方法を示す.

3) 漂白

着用と洗濯を繰り返すうちに衣類全体が黄ばんできたり,薄汚れたりする.漂白は,酸化・還元の化学変化を利用して色素を分解し,白さを取り戻す方法である.漂白剤には酸化系と還元系があり,酸化系はさらに,酸素系と塩素系に分かれる(表6.9).最も一般的なものは酸素系であり,家庭用の約9割を占めている.

酸素系は酸素が色素に作用して色素を分解する.多くの種類の繊維に適用でき,色柄物にも用いることができる.また,酸素系には粉末の過炭酸ナトリウム,液体の過酸化水素が用いられている.過炭酸ナトリウムの漂白作用は過酸化水素よりも強い.塩素系漂白剤である次亜塩素酸ナトリウムは高い漂白力を持つが,綿,麻,ポリエステルなどの白物専用である.また,タンパク質繊維やナイロンなどの窒素を含む繊維を黄変させる.シャツの襟などの芯地には,適度な硬さを出すために窒素を含む樹脂加工が施されているものがあるが,塩素系漂白剤を使用すると黄変する.また,次亜塩素酸ナトリウムに酸性の物質やアルコールを混ぜると塩素ガスを発生するため,「混ぜるな危険」という表示がされている.

還元系漂白剤であるハイドロサルファイトは,発生する水素で強い漂白力を示す.ほとんどすべての繊維に用いられるが,色柄物には使用できない.塩素系漂白剤によって黄変したものや,鉄さび,赤土,鉄を含む青インク等に有効である(佐藤,1982).

表 6.8 しみの種類としみぬき法（皆川ほか編，2003，p.522）

	しみの種類	最初の処理	次の処理	落ちないときの処理
食物	しょう油，ソース，コーヒー，カレー，果汁，ケチャップ	水または湯でたたく	洗剤液でたたく	繊維にあった漂白剤で漂白する
	酒類	アルコールでたたく	水または湯でたたく	洗剤液でたたく
	卵の黄身，バター，牛乳，チョコレート	ベンジンでたたいて脂肪分を除く	洗剤液でたたく	—
	チューインガム	氷で冷やして固まったガムを削り取る	液体酸素系漂白剤を塗り，はがし取る	—
分泌物	衿あか	洗剤液でたたく	—	—
	血液	水でたたく	洗剤液でたたく	繊維にあった漂白剤で漂白する
化粧品	口紅，ファンデーション	洗剤液でたたく	—	—
	マニキュア	アセトン（除光液）*でたたく	—	—
文房具	青インク	洗剤液でたたく	繊維にあった漂白剤で漂白する	繊維にあった漂白剤で漂白する
	墨	洗剤とご飯粒を練り合わせしみの上に塗り，へらでしごく	水洗い	—
	朱肉，ボールペン，クレヨン	ベンジンとアルコールでたたく	洗剤液でたたく	繊維にあった漂白剤で漂白する
その他	機械油，グリース	アルコールでたたく	洗剤液でたたく	—
	泥はね	乾かないうちに洗剤液でたたく	還元型漂白剤のぬるま湯でたたく	—
	鉄さび	還元型漂白剤のぬるま湯でたたく	—	—

注）アルコール（エチルアルコール）は95％以上の濃度のものが望ましい．
*繊維が溶けるのでアセテートには使用しない．

表 6.9 家庭用漂白剤の種類と特徴

種類		主成分	性状	使えるもの	使えないもの
酸化型	酸素系	過酸化水素	液体	白物，色柄物 綿，麻，化学繊維，毛，絹	含金属染料で染めたもの
		過炭酸ナトリウム	粉末	白物，色柄物 綿，麻，化学繊維	毛，絹 含金属染料で染めたもの
	塩素系	次亜塩素酸ナトリウム	液体	白物 綿，麻，ポリエステル，アクリル	色柄物 毛，絹，ナイロン，アセテート，ポリウレタン
還元型		二酸化チオ尿素	粉末	白物 綿，麻，化学繊維，毛，絹	色柄物

e. 仕上げ

着用・洗濯によって変化した外観や失われた風合いを回復させるために行うのが仕上げの工程である．ここでは柔軟仕上げと糊つけ，アイロンがけについて述べる．

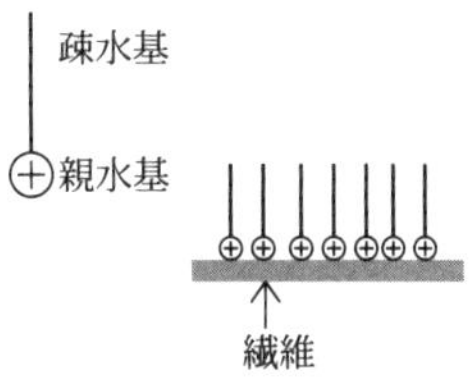

1) 柔軟剤仕上げ

洗濯を繰り返すことで布地は固くなる．これは，出荷時に施されていた柔軟剤が脱落してしまうことと，繊維が傷つくことによると考えられる．

柔軟仕上げ剤の主成分は陽イオン界面活性剤である．繊維のマイナスの電気に引きつけられて，図6.7のように繊維の表面を覆う．繊維の外側に出した疎水基が潤滑油のような働きをし，繊維どうしの摩擦が小さくなり布が柔らかくなる．また，陽イオン系界面活性剤の親水基部分は，空気中の水分子と結合し，繊維上にたまった静電気を通しやすくするため，静電気を防止する．

柔軟仕上げ剤にはすすぎの段階で使用する液体タイプと，乾燥機に入れて使用するシートタイプのものがあるが，後者は乾燥機内の静電気防止にもなる．なお，洗剤の主成分である陰イオン界面活性剤と同時に使用すると互いに結合して本来の機能を失ってしまうため，柔軟仕上げ剤はすすぎの工程で使用する．

柔軟仕上げ剤には香料が含まれるものも多い．このため衣類の香りづけが柔仕上げ軟剤の使用目的のひとつとなってきており，2008年以降，市場は拡大傾向にある．一方で衣類の香りによる苦情も社会問題化している．使用の際には，使用量の目安を守ること，快適なにおいでも周囲に不快感を与える場合があることを認識しなければならない（国民生活センター，2013）．

2) のりつけ

のりつけは，生地に適度なハリとコシを持たせ，型くずれを防ぐ．また，衣類の表面をのりが覆うため，毛羽立ちを抑えて光沢を付与し，繊維に汚れをつきにくくする．さらに，ついた汚れが洗濯のときにのりといっしょにはがれて，汚れを落ちやすくする効果もある．のり剤には洗濯のりといわれる液体タイプとアイロン時に使うスプレータイプがある．また，でんぷん等の天然のりとポリ酢酸ビニル等の化学のりがあるが，天然のりはかびや虫害の原因となるため，長期保管するものには適さない．

3) アイロンがけ

アイロンは，熱，水分，圧力を利用して衣類のしわを伸ばし，形を整えるものである．温度は繊維の耐熱性を考慮して設定する．熱可塑性をもたない親水性繊維の綿や麻などでは，水分を多く必要とする．ポリエステルなどの熱可塑性の合成繊維では水分を必要としないが，熱を伝導させるのに役立つ．圧力は高いほうが効果的であるが，羊毛のニット製品では圧力を少なくし，スチームで必要な水分を与える．また，アイロンがけには高温による除菌・

図6.7 陽イオン界面活性剤の繊維への吸着

殺菌効果（藤居ほか，2013）があり，虫害の予防も期待できる．

f. 商業洗濯

1）商業洗濯の種類と特徴

専門業者による商業洗濯には，有機溶剤によるドライクリーニング，水によるランドリーとウェットクリーニング，特殊クリーニングなどがある．商業クリーニングの種類と特徴を表6.10に示す．

ドライクリーニングは水を使わず有機溶剤を用いる洗濯法である．油性汚れの除去に優れ，水によって生じるような収縮や型くずれを起こしにくい．しかし汗などの水溶性汚れは落ちにくいため，溶剤の中に洗剤と水を少量入れるチャージシステムという方法がとられる．日本のクリーニング業者の約9割が使用している石油系溶剤は洗浄力が穏やかで，ほとんどすべての衣類に適している（全国生活衛生営業センター，2010）．石油系溶剤が衣類に残留すると皮膚に化学やけどを起こすことがあるので，クリーニング後は袋を外し，換気してから着用する．

2）クリーニングによるトラブル

近年は衣類の素材が多様化し，ドライクリーニングによる事故も多くなっている．たとえば，接着剤が使われているもの，合成樹脂のボタン，金糸や金箔，ゴム，プラスチックが使われているものには注意が必要である．また，ストレッチ素材や人工皮革・合成皮革に使われるポリウレタンは経時劣化するため，クリーニングをきっかけに損傷することがある．これらのトラブルを防ぐためには，クリーニング受付時にトラブルの危険性を確認し，納得のうえで依頼することが重要である．近年では店舗を持たないネット宅配型クリーニングも増えているが，対面での受け渡しを行われないためトラブルが増加している．店舗型との違いに留意し，事前に契約内容をよく確認して利用する必要がある（国民生活センター，2015）．　　　　〔花田美和子〕

表6.10　商業洗濯の種類と特徴

種類		特徴
ドライクリーニング	石油系	油脂溶解力が小さく，デリケートな衣料にも適する．乾燥に高温と時間を要する．
	パークロロエチレン（塩素系）	油脂溶解力が大きく，洗浄力が高いが，風合いが硬くなりやすい．短時間で洗浄・乾燥ができる．
ランドリー		40-70℃の温水と石けん，洗剤，アルカリ剤で一度に大量の洗濯を行う．水に対して耐久性のあるワイシャツ，シーツなどに．
ウェットクリーニング		本来ならドライクリーニングすべき衣料を水を使って洗浄する．中性洗剤と40℃のぬるま湯で，機械力を小さくして行われる．
特殊クリーニング		パウダリークリーニング（毛皮），皮革，和服クリーニング，カーペットクリーニングなど．

6.3 衣服の収納・リフォーム・廃棄

a. 収納法

衣服の収納法はつるすか，たたむかのいずれかによるが，収納場所，スペース，温湿度などの環境，衣服のデザイン，素材などにより，両者を使い分ける必要がある．たとえば，ニット製品のようにしわになりにくく，自重によって伸びやすい衣服は，たたんで収納することにより，型くずれを防ぐことができる．芯地，パッドなどを使用し，立体的，曲線的に構成されている衣服は，型くずれ防止上からもつるす収納法によらねばならない．ハンガーの形態にもよるが，たとえば紳士コート10着をつるすためには，約幅80～100×高さ150×奥行50 cm のスペースを要するのに対し，たたんだ場合では，約幅50×高さ100～160×奥行40 cm 程度のスペースとなり，容積比にして3：1となる．

つまり，つるす収納は洋服に適した収納法ではあるが，たたむ収納法に比べスペースを多く必要とする（図6.8）．季節ごとに入れ替える下着やTシャツ，セーター類は防虫剤とともに圧縮袋に収納するのも省スペース効果がある．

衣服を保管する際，とくに注意しなければならないのは湿度である．湿気は衣服のかびや害虫の活動を促進させ，衣服の保存状態を悪化させる．日本では古来虫干しが慣習的に行われてきた．虫干しとは盛夏の土用の期間に虫やカビを防ぐために衣服を陰干しするものである．土用に限らず定期的に衣服に風を当て乾燥させることで衣服を清潔に保ち長持ちさせることができる．今日の住宅は密閉化され，冷暖房の完備により室内の湿度は一年中高い状態にあるため，常に晴天の湿度の低い日には窓をあけて住居内や収納容器に風を通す必要がある．

梅雨から夏にかけては，衣服の害虫やダニが多く発生する時期にあたるので防虫剤の点検をし，防虫対策を行うが，今日の防虫剤は無臭で，他の防虫剤と併用しても問題ないピレスロイド系のものが一般的である．

また衣服の汚れは，かびの発生を促進させる原因となり，不快な臭いを発

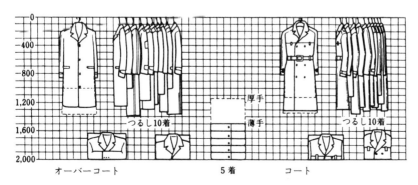

図6.8 男性衣服の収納（日本建築学会，1978）

生させるので，保存の際にはしみや汚れが残っていないかを確認し，清潔な状態で保存しなければならない．

住居スペースは狭くなる一方，ファストファッションなどの流通サイクルの短い衣服が多く流通しているため，衣服の所有量は増大している．また高齢者世帯，単身世帯も増加し，衣服の手入れに十分な時間，手間，スペースを費やすことのできない家庭も少なくない．数年の周期で変遷していく現代のファッションサイクルにあって，着用頻度の低い衣服は1回の着用でタンス在庫となることもあり，着用場面，経済性，住居スペースなどをトータルして衣服の購入計画を立てなければならない．

収納容量の増大が容易に図れない今日，トランクルームなど外部の衣服管理，保管サービスの利用も伸びており，クリーニング業者によるクリーニング後の保管サービスは広く利用されている．これらを利用すれば衣服の収納スペースを増やすことができる．

家庭での保管，外部での保管，いずれの場合も，衣服の着用後は必ず洗濯をして清潔を保ち，十分に乾燥させた後，型くずれの発生しない状態で保管することが望ましい．　　　　　　　　　　　　　　　　〔大塚美智子〕

b. 衣服の廃棄とリサイクル

衣料ごみには，企業から排出される制服やユニフォーム，在庫品，繊維くずなどと，家庭から排出される衣服がある．

私たちが購入した衣服は，着古されて外観や性能が低下し使用に耐えなくなる，体型の変化に伴いサイズが合わなくなる，似合わない，流行遅れ，衝動買いや何となく購入したものの一度も袖を通していない，など様々な理由で着用されなくなる．これらの衣服は，そのままタンスの肥やしになるか，処分することになる．

衣服を処分する場合には，ゴミとして廃棄するケースと，何らかの形で再利用するケースの2つがある．不要となった衣服をできるだけゴミにしないために，様々な取り組みがなされている．

1）衣服のリサイクルの現状と問題点

①衣服のリサイクル率

実際に廃棄される衣服の量はどの程度の量になるのだろうか．2010年の中小企業基盤整備機構の「繊維製品3R関連調査事業」報告書（日本中小企業基盤整備機構，2010）によると，繊維製品全体の排出量は171.3万トンにもなる．その内訳を図6.9に示す．衣料品が55％で半分以上を占め，インテリア製品のカーペットが19％，カーテンが2％で，タオルが9％，布団が15％となっている．

このように繊維製品も排出量は多いが，他の様々な分野でも環境問題が大きく取り上げられている．特に資源の乏しい日本では限りある資源を効率的に有効利用することが強く求められており，サステイナブル社会（持続可能

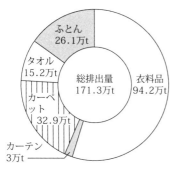
図 6.9 繊維製品の排出量

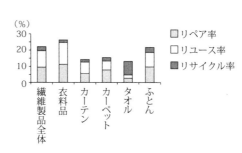
図 6.10 繊維製品の 3R 率（（独）中小企業基盤整備機構，2010 より作成）

な社会）への転換を図っていく必要がある．そのため，2001 年に「循環型社会形成推進基本法」が施行された．

環境省によれば，循環型社会とは「天然資源の消費を抑制し，環境への負荷ができる限り低減される社会」であり，廃棄物等の処理やリサイクルの優先順位を，①廃棄物等をできるだけ出さないようにするゴミの発生抑制（リデュース），②排出された廃棄物を循環させて利用する再使用（リユース）・再生利用（マテリアルリサイクル[*1]あるいはケミカルリサイクル[*2]）・熱回収（サーマルリサイクル[*3]），③利用が不可能な場合には最終的に適正処分する，としている．リデュース，リユース，リサイクルの 3 つを 3R という．

では，図 6.9 で示した大量に排出された繊維製品は，資源としてどの程度，活用されているのだろうか．報告書（（独）中小企業基盤整備機構，2010）のデータに基づき，各繊維製品のリサイクル率などをグラフにして図 6.10 に示す．この報告書では，リサイクル，リユース，リペアに関しての量が報告されており，この 3 つの量を合計して 3R 率としている．また，ここでいうリペアとは，所有者の手を離れずに修理，補修，あるいは形を変えて利用されている量である．

繊維製品全体のリサイクル率は 9.5%，リユース率は 10.0%，リペア率は 2.6% で合計 22% 程度である．衣料品はそれぞれ 11.3%，13.4%，1.6% で合計 26% 程度となり，他の繊維製品と比較すれば高い数値を示している．しかし，紙・板紙の古紙利用率は約 64%，古紙の回収率は 80% を超え，ペットボトルのリサイクル率は約 86%，アルミ缶は約 87%，スチール缶は約 93% といずれも非常に高く，衣服をはじめとする繊維製品のリサイクルがあまり進んでいないことがわかる．

②繊維製品のリサイクルの難しさ

繊維製品も素材が判明しており，単一で異物の混入などもなければ，リサイクルは技術的にはある程度容易といえる．しかし，現在の衣服は 2 種類以上の繊維を混用している製品が多く，染色や加工も様々な方法で施されている．また，繰り返し洗濯などで組成表示が薄くなってしまうと，どのような繊維が混ざっているのかがわからない．さらに，ボタンやファスナー，芯地，

[*1] 機械的，熱的に繊維製品や樹脂加工品として再利用する．

[*2] 合成繊維を原料のモノマーまで戻し，再度ポリマーを製造する．

[*3] 焼却するときの熱を回収してエネルギーとして利用する．

裏地など様々な副資材が使われている．このように，衣服は複雑な構造であるため，リサイクルを困難にしている．そのためコストがかかり，安い輸入製品とでは経済的に競争にならない．

2) 不要衣服（古着）の流れ

不要衣服の再資源化の方法としては，

①リフォーム，リメイク，リペアして自分自身が再度着用する．

②兄弟，親戚，知人に譲る（お古），制服交換会に出す，様々な団体や被災者などへ寄付するなど，無償で人に譲る．

③リサイクルショップ，フリーマーケット，ネットオークション，古着屋などで売る．

④家庭から出る不要衣服，事業者が排出する制服やユニフォーム，在庫，繊維くずなどを自治体や古繊維業者が回収し，リユース，リサイクルする．

⑤回収や下取りをメーカーや百貨店などが行いリユース，リサイクルする．

などがある．ここでは，④と⑤について説明したい．

回収後の不要衣服（古着）の流れとリサイクル： 家庭や事業者から排出された古着の回収は，専門の回収業者（古繊維業者）によって行なわれる．回収された古着は，図6.11の写真に示すように服種別に分別され，分別された古着は，下記の3つの方法で利用されるが，ここで使われなかったものは廃棄処分となる．

・中古衣料として国内あるいは海外に出荷される（リユース）．日本人と体型が似ていることから，主に東南アジアへ輸出される．日本の下着は品質が良いとされ，人気が高い．そのため，現地で盗まれることも多いそうで，盗難防止のために梱包が厳重に行われる．

しかし，東南アジアの経済発展に伴い，需要は落ちてきている．

・工場などで機械の油汚れを拭き取る「ウエス」にされる．汚れが目立ち，汚れをよく吸収するので，綿の白色のメリヤス素材が高級品である．ウエスの出荷は，工場の海外移転，レンタルや紙ウエスの使用が増えたことで年々減っている．

・反毛（布を機械でほぐして綿状にする）して，ぬいぐるみや座布団などの中綿に，フェルトにして自動車の断熱材に，糸にして軍手などに再生する．

選別作業

古下着

色の豊富なジーンズ

図6.11 回収後の古着の分別（ナカノ（株）秦野営業所にて撮影）

ぬいぐるみや軍手の生産拠点も中国に移り，自動車の生産量が減っていることもあり，反毛もやはり減少している．

ウエスと反毛はマテリアルリサイクルである．

企業による回収からのリユース，リサイクル： 個人の消費者が店頭に持ち込み，回収あるいは下取りをしてもらうケースと，繊維メーカーが中心となって回収とリサイクルを進めるケースがあり，そのいくつかを紹介する．

"FUKU-FUKU プロジェクト"は，アパレルや流通などの様々な企業が連携して，消費者が店頭などに持ち込んだ衣料品や繊維製品を回収しバイオエタノールなどにリサイクルしている．

アパレルメーカーや百貨店・量販店などでは，回収した古着を難民・避難民，災害被災者などに寄付をする取り組みがいくつかみられる．下取りの場合，300〜1000円程度のクーポン券と引き換えられることが多い．

帝人の"エコサークル"はポリエステル製品の循環型リサイクルシステムで，2002年からスタートし，国内外のアパレルメーカーなどと協力して，商品開発，商品化，回収，再利用を推進している．回収されたポリエステルはケミカルリサイクルされる．2005年にパタゴニア社が海外企業として初めて加わり，アウトドアウェア，スポーツウェアへも展開されている（日本繊維機械学会繊維リサイクル研究会回収分別分科会編，2012）．

東レのリサイクルシステムに"サイクリード"があり，ナイロン6のケミカルリサイクルを行っている．2001年から開始され，官公庁のユニフォーム（雨衣など），アウトドアジャケット，エコバックなどが販売されている（日本繊維機械学会繊維リサイクル研究会回収分別分科会編，2012）．また，回収ユニフォームに関しては，ポリエステルのマテリアルリサイクルを行っている．

3）エコを意識した衣服

近年エシカルファッションが注目されている．エシカル（ethical）とは"倫理的な"，"道徳上の"という意味で，エシカルファッションは環境や社会に配慮して生産，流通されているファッション商品のことである．たとえば，素材は発展途上国で生産されたオーガニックコットン[*4]やリサイクルコットンなどを使う，天然繊維で染色する，製品は適正な労働条件と賃金に基づくフェアトレードによって供給されたものであるなど，良心や良識を大切にしている商品を指す．

日本でもエシカルファッションショーが開催されたり，世界フェアトレード・デーとコットンの日にあわせてエシカルファッションカレッジが開かれるなど，関心が高まっている．

最近では，古着をうまく活かしたリメイクやリ・ファッションという概念も生まれ，これも一つのエシカルファッションといえるだろう．

また，廃材を使いデザインやアイデアで価値を高めた製品に再生することをアップサイクルという．繊維製品では，テント生地や消防ホースをバッグ，漁網をアウトドア用のジャケットにした商品などがある． 〔松梨久仁子〕

[*4] オーガニックコットンとは，オーガニックの農地として認証された農地で，農薬や肥料の厳しい基準を守って栽培された綿花のこと．さらに，紡精機から製品に至るまでの製造工程のおいても，そのトレーサビリティを把握し，オーガニック繊維の含有率もある一定の割合を使用したものがオーガニックコットン製品といえる．

オーガニックコットンもそうでないコットンも，その製品は農薬も化学肥料もほとんど検出されず，着用者の健康への影響に差はない．問題となるのは，綿花の栽培時に散布される大量の農薬である．綿栽培の労働者の健康被害を最小限に抑え，土壌汚染などの環境への配慮がオーガニックコットン栽培の目的といえよう．

文　　献

1 章
新　規矩男編：大系世界の美術 2，古代アジア美術，学研，1980
小川安朗他編：被服学事典，朝倉書店，1975
小尾信彌訳著：月写真集，朝倉書店，1978
小林秀雄他監修：グランド世界美術 1，講談社，1975
小林秀雄他監修：グランド世界美術 3，講談社，1978
小林秀雄他監修：グランド世界美術 9，講談社，1978
世界美術全集 1，平凡社，1953
谷田閲次，石山　彰：服飾美学・服飾意匠学，光生館，1975
東京美術青年会：三十六歌仙（佐竹本），東京美術青年会，1962
服部照子：ヨーロッパの生活美術と服飾文化，I．ゴシックタピスリーと服飾，源流社，1986
F. ブーシェ（石山　彰日本語監修）：西洋服装史，文化出版局，1973
三笠宮崇仁編：生活の世界歴史 1，河出書房新社，1986
山口桂三郎：浮世絵聚花，パリ国立図書館・ギメ美術館，小学館，1980
S. Bertrand: La Tappisserie de Bayeux, Zodiaque, 1966

2 章
今永清士編：日本の染織 3，小袖 I，中央公論社，1979
D. ウォーターハウス（飛田茂雄，金子重隆訳）：浮世絵聚花，ボストン美術館補巻 I，小学館，1982
遠藤憲昭編：大正・昭和を飾った女たち（上・下），国書刊行会，1987
遠藤元男：織物の日本史（NHK ブックス），日本放送出版協会，1971
小沢健志他編：日本写真全集 11，コマーシャルフォト，小学館，1986
落合　茂：洗う風俗史，未来社，1984
鍛島康子：既製服の時代―アメリカ衣服産業の発展，家政教育社，2001
喜田川守貞：近世風俗志（守貞謾稿）（二），岩波文庫，1997
京都国立博物館編：洛中洛外図，角川書店，1966
小林秀雄他監修：グランド世界美術 3，講談社，1978
小林秀雄他編：グランド世界美術 14，講談社，1979
小林秀雄他編：グランド世界美術 20，講談社，1979
小松茂美編：日本絵巻大成 1，中央公論社，1977
小松茂美編：日本絵巻大成 18，中央公論社，1978
小松茂美編：日本絵巻大成 24，中央公論社，1979
坂本　満：南蛮屏風，日本の美術，第 135 号，至文堂，1977
佐々井　啓編著：衣生活学，朝倉書店，2000
佐々井　啓編著：ファッションの歴史―西洋服飾史，朝倉書店，2003
佐々井　啓，篠原聡子，飯田文子編著：生活文化論（訂正版），朝倉書店，2006

沢尾　絵：『宗感覚帳』にみる江戸時代前期の染織品の受容と価格—西鶴作品との比較検討を中心に．日本家政学会誌，**64**（12），1-20，2013

C. シンガー他編：技術の歴史 2，筑摩書房，1987

菅原珠子：絵画文芸にみるヨーロッパ服飾史，朝倉書店，1991

菅原珠子，佐々井　啓：日本女子大学家政学シリーズ，西洋服飾史，朝倉書店，1985

N. J. スティーヴンソン：ファッションクロノロジー—エンパイアドレスからエシカルデザインまで，文化出版局，2011

生活の世界歴史 1～10 巻，河出書房新社，1980

世界美術全集 33，角川書店，1963

谷田閲次，小池三枝：日本服飾史，光生館，1989

丹野　郁：西洋服飾発達史，光生館，1958

丹野　郁：服飾の世界史，白水社，1985

千村典生：戦後ファッションストーリー増補版，平凡社，2001

辻ますみ：ヨーロッパのテキスタイル史，岩崎美術社，1996

徳井淑子：服飾の中世，勁草書房，1995

徳井淑子：図説ヨーロッパ服飾史，河出書房新社，2010

J. トメ・ジャッケ監修，佐野敬彦編：ミュルーズ染織美術館，学研，1978

長崎　巌：町人の服飾．日本の美術，第 341 号，至文堂，1994

中山千代：日本婦人洋装史，吉川弘文館，1987

楢崎宗重・山口桂三郎：浮世絵聚花，大英博物館，小学館，1979

服部照子：ヨーロッパの生活美術と服飾文化，I. ゴシックタピスリーと服飾，源流社，1986

塙　保己一編纂：群書類従第 22 輯（訂正 3 版），続群書類従完成会，1979

濱田雅子：アメリカ服飾社会史，東京堂出版，2009

林屋辰三郎編：近世風俗図譜 12，小学館，1983

M. L. ヒックマン（飛田茂雄，金子重隆訳）：浮世絵聚花，ボストン美術館 2，小学館，1985

深井晃子監修：世界服飾史，美術出版社，1998

F. ブーシェ（石山　彰日本語監修）：西洋服装史，文化出版局，1973

L. フロイス（松田毅一，川崎桃太翻訳）：完訳フロイス日本史④豊臣秀吉編 I，中央公論社，2000

文化庁監修：国宝 2，絵画 II，毎日新聞社，1984

前川誠郎解説編集：グランド世界美術 13，講談社，1979

増田美子：日本衣服史，吉川弘文館，2010

増田美子：日本服飾史，東京堂出版，2013

丸山伸彦：武家の服飾．日本の美術，第 340 号，至文堂，1994

山根章弘：羊毛文化物語，講談社，1979

G. Boviri: Ravenna Mosaics, Phaidon, 1978

M. Contini: Fashion from Ancient Egypt to the Present Day, Paul Hamlyn London, 1965

R. Delort: Le Moyen Age（Histoire Illustrée de la Vie Quotidienne），Edita, 1972

E. Ewing: Everyday Dress 1650-1900, B. T. Bastford. 1985

G. Howell: In Vogue, Sixty Years of Celebrities and Fashion from British Vogue, Penguin Books. 1975

3 章

朝日新聞社編：シリーズ衣の文化 1，世界の衣裳，朝日新聞社，1986

稲村哲也：メキシコの民族と衣裳，紫紅社，1983
小川安朗：民族服飾の生態，東京書籍，1979
小川安朗：世界民族服飾集成，文化出版局，1991
田中千代：世界の民族衣装，装い方の知恵をさぐる，平凡社，1985
トプカプ宮殿博物館全集刊行会：スルタンの衣裳，1980
M. バーソロミュー（とみたのり子訳）：ブータンの染織，紫紅社，1985
松本敏子：足でたずねた世界の民族服 1，関西衣生活研究会，1979
松本敏子：足でたずねた世界の民族服 2，関西衣生活研究会，1985

4 章

伊藤紀之：被服デザインの体系，pp. 98-102，三共出版，1999
梶　慶輔：繊維の歴史．繊維学会誌，59，121-128，2003
JIS L 0204-3「繊維用語（原料部門）―第 3 部―：天然繊維及び化学繊維を除く原料部門」，日本規格協会，2008
島崎恒蔵編著：衣材料の科学，建帛社，2007
信州大学繊維学部編：はじめて学ぶ繊維，日刊工業新聞社，2013
日本衣料管理協会編：繊維製品の基礎知識 第 2 部 家庭用繊維品の製造品質，p. 2，2012
（財）日本化学繊維協会：商品情報ファイル（クレーム編），1998
日本繊維技術士センター（JTCC）執筆・監修：知っておきたい繊維の知識，ダイセン，2012
丹羽雅子編著：アパレル科学，朝倉書店，1997
文化服装学院：服飾デザイン，pp. 44-57，64-71，文化出版局，2005
Hannelore Eberle, et al.: Technologie du vêtement, pp. 197-201, Guérin, 1991
JUKI（株）ウェブサイト：http://www.juki.co.jp/household_ja/products/detail.php?id=20
Richard Sorger, Jenny Udale: FASHION DESIGN BASICS, pp. 16-47, BNN 新社，2011
Simon Travers-spencer, Zarida Zaman: すぐに役立つファッションデザインアイディアノート，pp. 12-31, 126，グラフィック社，2008

5 章

芦澤昌子，小林康人：人にやさしいユニバーサルデザイン，教育図書，pp. 89-96，2005
大野静江，石井照子：衣生活の科学―衣生活編，建帛社，pp. 95-104，2005
久我尚子：若年層の購買行動要因，pp. 1-8，ニッセイ基礎研究所，2013
E. L. クライン：クローゼットの中の憂鬱―ファストファッション，pp. 179-283，春秋社，2014
経済産業省ウェブサイト：http://www.meti.go.jp/press/2014/06/20140624002/20140624002-1.pdf
経済産業省：平成 25 年度クールジャパンの芽の発掘・連携促進事業―ファッション業況調査及びクールジャパンのトレンド・セッティングに関する波及効果・波及経路の分析，pp. 23，57，84，119，一般財団法人経済産業調査会，2014
（独）国立精神・神経医療研究センター（精神保健研究所・精神生理部）http://labo.sleepmed.jp
小林茂雄，田中美智：介護と衣生活，同文書院，pp. 70-75，2005
齊藤孝浩：ユニクロ対 ZARA，p. 224-244，日本経済新聞出版社，2014
薩本弥生，川端博子，堀内かおる，扇澤美千子，斉藤秀子，呑山委佐子：文化ファッション研究機構・服飾拠点共同研究 21004：「きもの文化の伝承と発信のための教育プログラム」，2011
篠崎彰大：分野別人間工学の現状と将来（10）―衣服分野における人間工学研究の現状と将来展望．人間

工学,51(1),p. 9-10,2015
清家壽子：フォーマルウエア講座,pp. 14-47,繊研新聞社,2006
竹下友子,甲斐今日子：乳幼児のおむつ使用の実態と今日的課題.佐賀大学文化教育学部研究論文集,15(2),237-247,2011
田中めぐみ：グリーンファッション入門,pp. 8-15,103-109,149-162,繊研新聞社,2009
田村照子：衣環境の科学,建帛社,pp. 119-131,2008
田村照子：衣服と気候,成山堂書店,pp. 187-195,2013
中岡誠二：ユニフォームの価値,日本繊維製品消費科学,55,660-663,2014
中村邦子：若年男子用サッカーウエアの使用実態.日本繊維製品消費科学会,51,54-61,2010
日本衣料管理協会：アパレル設計論・アパレル生産論,日本衣料管理協会,pp. 31-35,2013
日本家政学会編：衣服の百科事典,丸善出版,pp. 390-449,2015
(公財)日本生産性本部：レジャー白書2014～マイ・レジャー時代の余暇満足度,2014
(一社)日本フォーマル協会：フォーマルウエア・ルールブック,pp. 6-7,2013
(公財)日本ユニフォームセンター：企業・自治体の災害に対する防災衣料・装備品の備蓄体制に関する調査報告,2013
(一社)人間生活工学研究センター：日本人の人体寸法データブブック2004-2006,2009
呑山委佐子,阿部栄子,金谷喜子,木野内清子：図でわかる基礎きもの,pp. 1-5,40,42,おうふう,2012
福祉士養成講座編集委員会：家政学概論,中央法規出版,pp. 292-295,2006
文化服装学院編：文化ファッション体系ファッション工芸講座②：シューズデザイン,pp. 118-119,文化出版局,2009
松山容子：衣服製作の科学,建帛社,pp. 8-11,2002
S. ミニー：NAKED FASHION—ファッションで世界を変える,pp. 12-22,160,サンクチュアリ出版,2012
谷田貝麻美子,間瀬清美：衣生活の科学,アイ・ケイコーポレーション,pp. 167-180,2006
山崎信寿編：足の事典,pp. 29-31,朝倉書店,2007
ユニバーサルファッション協会：ユニバーサルファッション宣言,pp. 74-83,中央公論新社,2002
ユニバーサルファッション協会：ユニバーサルファッション宣言Part II,pp. 80-105,中央公論新社,2009
吉兼令晴：寝具寝装品の今とこれから.日本繊維製品消費科学,56,25-31,2015
渡辺總子編：衣生活と介護,医歯薬出版,pp. 34-43,2002

6章

岩崎芳枝：コインランドリー用洗濯機のすすぎ効率に関する研究.東京学芸大学紀要,36,65-75,1984
柏　一郎ほか：洗浄に関する研究(第16報)—洗浄における物理化学作用と機械作用.油化学,20,304,1971
片山倫子,阿部幸子,杉原黎子,吉村祥子：衣服管理の科学,建帛社,2007
工藤千草：平成21年度消費者生活協同通信講座テキスト—くらしを読むゼミナール,和光市市民活動推進課,新座市経済振興課,朝霞市地域づくり支援課,志木市地域振興課,2009
(独)国民生活センター：柔軟仕上げ剤のにおいに関する情報提供.平成25年9月19日報道発表資料,2013
(独)国民生活センター：店舗型とは違います—インターネットで申し込む宅配クリーニングのトラブルにご注意！平成27年3月5日報道発表資料,2015
佐藤孝逸：染色工業,30,115,1982
(公財)全国生活衛生営業指導センター：改訂よくわかるクリーニング教本—業務従事者編,ERC出版,

2010a
（公財）全国生活衛生営業指導センター：改訂よくわかるクリーニング教本―クリーニング師編，ERC 出版，2010b
中小企業基盤整備機構：「繊維製品 3R 関連調査事業」報告書，2010
中西茂子：洗剤と洗浄の科学，コロナ社，2007
中西茂子，岩崎芳枝，齊藤昌子，阿部幸子，増子富美：被服整理学，1990
（社）日本衣料管理協会刊行委員会：被服整理学，（社）日本衣料管理協会，2008
日本オーガニックコットン協会ウェブサイト：http://joca.gr.jp
日本繊維機械学会繊維リサイクル研究会回収分別分科会編：「循環型社会と繊維」―衣料品リサイクルの現在，過去，未来，2012
藤居眞理子，佐々木麻紀子，角田　薫：家庭洗濯の除菌・殺菌効果．東京家政学院大学紀要，53，55-66，2013
増子富美，斎藤昌子，牛腸ヒロミ，米山雄二，小林政司，藤居眞理子，後藤純子，梅澤典子，生野晴美：被服管理学，朝倉書店，2012
山田　勲：最近の家庭洗濯の実施状況と消費者意識―2010 年洗濯実態調査より．繊維製品消費科学，52，12，39-41，2011

索　引

欧　文

CSR　84
HQL　122
ISO　121
SEK マーク　68
SPA　83, 86
TPO　95

ア　行

藍染　40
アイビールック　45
アオザイ　56
アクリル　61
麻　59
足寸法　102
アップサイクル　139
アノラック　48
アバヤ　56
アパレル CAD　69
アビ　9
アピール性　68
アームホールライン　77
アルカリ減量加工　68
安全性　107

いき　10
イタリアモード　21
イヌイット　48
衣服　135
　――の起源　3
　――のサイズ　121
　――の収納　134
　――のデザイン　70
　――の役割　5
　――のリサイクル　136
　――のリフォーム　113
衣服内気候　87
インターロックミシン　79

ウィーピル　52
ウェアラブル　93
ウエス　138
ヴェスト　22
ヴェルヴェット　19
打掛　39
ウプランド　19
運動機能性　91

エシカル　89
エシカルファッション　85, 139
エンパイアドレス　25
延反　79

オーガニックコットン　139
オートクチュール　27
オ・ド・ショース　21
オーバーコート　29
オーバーロックミシン　78
おむつ　106
オムニチャネル　87
織物　62

カ　行

蚕　17
快適性　68
界面活性剤　126
カイン・パンジャン　49
カウナケス　14
化学繊維　58, 60
学生服　41
襲色目　34
仮想着装システム　70
型染　39
家庭裁縫　29
家庭洗濯　127
家庭用品品質表示法　58, 117
カートライト力織機　23
カフタン　12, 53
袴　38
家紋　96
唐織物　36
唐衣裳装束　34
カラーコーディネーション　74
カラシリス　15
狩衣　35
冠位十二階　32
カンガ　49
環境　1

含気率　66
簡単服　43
貫頭衣　11
寛文小袖　39

既製服　26, 28
既製服産業　28
キトン　11, 16
絹　60
砧打ち　35
衣袴　35
機能性のある衣服　112
吸汗速乾素材　91
吸湿性　66
吸湿発熱素材　91
吸水性　66
旧石器時代　14
キュプラ　60
キュロット　9
キラ　11, 51

組み立て縫製　80
組物　64
クリノリン　29
クリノリンスタイル　26
グリーンファッション　84
クルタ　55
クールビズ　109
クローク　29

ケチケミトル　51
結晶部分　58
ケッペンの気候区分図　46
ケミカルリサイクル　137
検針器　80
検反　79

ゴ　12, 53
工業用ミシン　78
抗菌・防臭加工　68
恒重式番手　62
合成繊維　60, 61
恒長式番手　62
高分子（ポリマー）　58
高齢者の衣服　111
高齢者の体型　111

国風文化 33
国民服 44
腰衣（シェンティ） 14
コタルディ 19
コット 19
コト消費 84
子ども服 107
小紋 39
コルセット 26
コンプレッションインナー 91

サ 行

サイズシステム 121
サイズピッチ 122
再生繊維 60
サージング 80
サステイナブル（持続可能な）ファッション 84
サーマルリサイクル 137
サリー 9, 11, 50
サロン 49
三原組織 62
三大合成繊維 60
サンフォライズ加工 68

地糸切れ 81
ジェニー紡績機 23
敷き布団 101
市場動向 68
自助具 116
絞り 40
しみ抜き 130
シームパッカリング 80
ジャカード織機 25
ジャケット 29
シャツ 29
シャツウェスト 29
シャプロン 19
斜文織 63
シャルワール 55
シャンティ 11
住居 1
柔軟剤 133
朱子織 63
樹脂加工 67
ジューブ 22
シュミーズドレス 25
シュルコ・トゥヴェール 19
障害者の衣服 113
蒸気機関 23
商業洗濯 134
少年少女の衣服 108

少年少女の体型 108
初期小袖 37
女性用の衣服 110
織機 23
ショルダーライン 76
シルエット 71
シルケット加工 67
寝衣 102
寝具 99
寝床内環境 100
芯据え 80
新石器時代 14
陣羽織 37

水干 35
スカート 29
すくい縫いミシン 79
スーツ 29
ステープル（短繊維） 61
ストラ 16
スパン糸（紡績糸） 61
スペインモード 10, 21
スポーツウェア 90
ズボン 29
スポンジング 79
スラッシュ 21

制服 8
繊維 57
洗剤 125
洗浄補助剤（ビルダー） 125, 126
洗濯 41, 125
洗濯表示 117
せん断特性 65

束帯 34
素材 74
組成表示 117

タ 行

体型区分 122
ダーツ 76
たて編 63
ターバン 48
ダルマティカ 12, 17
男性用の衣服 109
ダンディ 9, 25
単量体（モノマー） 58

地なし小袖 39
チマ 54
チマ・チョゴリ 9

着用者区分 122
チャドリ 56
チャルシャフ 56
中石器時代 14
注文服 28
チュニック 12
チョゴリ 54
縮緬 39

通気性 67
通信販売 29
辻が花染 38

ティーガウン 29
デザイン効果 73
デザイン構成 73
デシテックス 62
テックス 62
デニール 62
テュロス 15
　──の貝染 16
テーラードスーツ 27
テーラーメード・スーツ 28
天然繊維 58

動作適合性 69
透湿性 67
トゥニカ 13, 16
トガ 7, 11, 16
ドーティ 50
飛梭 23
ドライクリーニング 134
取扱い絵表示 117
ドレスコード 95
ドレスシャツ 29
トレーニングシューズ 104
ドレーピング 75

ナ 行

ナイロン 61
中形 40
南蛮趣味 37

西陣 37
二重環縫いミシン 78
乳幼児期の体型 103
乳幼児の衣服 103
乳幼児のおむつ 106
ニュールック 44, 71
任意表示 121
人間生活工学研究センター（HQL） 122

繡箔　38
縫い目スリップ　81

寝返り　101
ネクタイ　29
熱伝導率　66

ハ 行

婆娑羅　36
パジャマ　55
パーシン　49
パターンメーキング　74
バチ　56
バッスルスタイル　26
パーツ縫製　80
バティック　49
パニエ　23
パルダメントゥム　17
パルラ　16
半合成繊維　60
パンジャビスーツ　55
パンタロン　9
番手　62
反毛　138

皮革　64
非結晶部分　58
非接触三次元計測法　75
直垂　36
引張特性　65
ヒマティオン　11
百貨店　29
表現　1
標準服　44
漂泊　131
平織　62
品質表示　117

ファストファッション　83
ファンデーション　108, 110
フィラメント糸　62
フィラメント（長繊維）　61
フォーマルウェア　93

服制　7, 32
不織布　64
フープ　21
ブラカエ　17
ブリオー　18
プールポワン　19
プレタポルテ　28
ブレーヌ　19
プロダクトパターン　69
プロトコール　95
プロポーション　72
文化　2

平面構成　96
ベスト　29
ベッドマット　101
ベール　9, 48
偏平縫いミシン　78

防災用衣料品　89
縫製欠点　80
放反　79
保温性　66
ポリウレタン　61
ポリエステル　61
ポリノジック　60
ポンチョ　11, 47, 51
本縫いミシン　78

マ 行

枕　101
マテリアルリサイクル　137
マルチン法　74
マント　17

ミシン　28, 78
ミ・パルティ　19
民族服　9

綿　59
綿番手　62

モダンガール　43

モノ消費　84
喪服　7
木綿　36, 40

ヤ 行

友禅染　39
浴衣　40
ユニバーサルデザインの衣服　116
ユニフォーム　88

要介護者の衣服　112
幼児の衣服　107
洋装　42
羊毛　59
養老の衣服令　32
浴比　127
よこ編　63

ラ 行

ライフスタイル　82
ライン　71
ラッパー　29
ラフ　21

リサイクル　136, 138
リデュース　137
リボン　22
流行　2
リユース　137

レース　64
レーヨン　60

ローブ　19, 22
ロンギー　49

ワ 行

ワーキングウェア　88
和服　9, 95

編著者略歴

佐々井　啓(ささい　けい)

1946年　東京都に生まれる
1969年　お茶の水女子大学大学院
　　　　修士課程修了
現　在　日本女子大学名誉教授

大塚美智子(おおつかみちこ)

1954年　福岡県に生まれる
1980年　お茶の水女子大学大学院
　　　　修士課程修了
現　在　日本女子大学家政学部教授

生活科学テキストシリーズ
衣 生 活 学

定価はカバーに表示

2016年1月20日　初版第1刷
2024年1月25日　　第9刷

編著者　佐々井　　　啓
　　　　大塚美智子
発行者　朝　倉　誠　造
発行所　株式会社　朝　倉　書　店

東京都新宿区新小川町 6-29
郵 便 番 号　162-8707
電　話　03(3260)0141
Ｆ Ａ Ｘ　03(3260)0180
https://www.asakura.co.jp

〈検印省略〉

© 2016〈無断複写・転載を禁ず〉　　　　Printed in Korea

ISBN 978-4-254-60633-1　C 3377

JCOPY　〈出版者著作権管理機構　委託出版物〉

本書の無断複写は著作権法上での例外を除き禁じられています．複写される場合は，そのつど事前に，出版者著作権管理機構（電話 03-5244-5088, FAX 03-5244-5089, e-mail: info@jcopy.or.jp）の許諾を得てください．

前日本女大 佐々井啓編著 シリーズ〈生活科学〉 **ファッションの歴史** ―西洋服飾史― 60598-3 C3377　A5判 196頁 本体2800円	古代から現代まで西洋服飾の変遷を簡潔に解説する好評の旧版の後継書。現代の内容も充実。背景の文化にも目を向け，絵画・文学・歴史地図等も紹介。〔内容〕古代／東ローマ／ルネッサンス／宮廷／革命／市民／多様化／19世紀／20世紀／他
前日本女大 島崎恒蔵・前日本女大 佐々井啓編 シリーズ〈生活科学〉 **衣　服　学** 60596-9 C3377　A5判 192頁 本体2900円	被服学を学ぶ学生に必要な科学的な基礎知識と実際的な生活上での衣服について，簡潔にわかりやすく解説した最新の教科書。〔内容〕衣服の起源と役割／衣服の素材／衣服のデザイン・構成／人体と着装／衣服の取り扱い／衣服の消費と環境
佐々井啓・篠原聡子・飯田文子編著 シリーズ〈生活科学〉 **生　活　文　化　論** （訂正版） 60591-4 C3377　A5判 192頁 本体2800円	生活に根差した文化を，時代ごとに衣食住の各視点から事例を中心に記述した新しいテキスト。〔内容〕生活文化とは／民族／貴族の生活（平安）／武家（室町・安土桃山）／市民（江戸）／ヨーロッパ／アメリカ／明治／大正／昭和／21世紀／他
冨田明美編著 青山喜久子・石原久代・高橋知子・原田妙子・森　由紀・千葉桂子・土肥麻佐子著 生活科学テキストシリーズ **新版 アパレル構成学** 60631-7 C3377　B5判 136頁 本体2800円	被服構成の基礎知識に最新の情報を加え，具体的事例と豊富な図表でわかりやすく解説したテキスト。〔内容〕機能と型式の推移／着衣する人体（計測）／着装の意義／アパレルデザイン／素材と造形性能／設計／生産／選択と購入／他
増子富美・齊藤昌子・牛腸ヒロミ・米山雄二・小林政司・藤居眞理子・後藤純子・梅澤典子著 生活科学テキストシリーズ **被　服　管　理　学** 60632-4 C3377　B5判 128頁 本体2500円	アパレル素材や洗剤・技術の進化など新しいトピックにふれながら，被服管理の基礎的な知識を解説した大学・短大向けテキスト。〔内容〕被服の汚れ／被服の洗浄／洗浄力試験と評価／洗浄理論／漂白と増白／しみ抜き／仕上げ／保管／他
北村薫子・牧野　唯・梶木典子・斎藤功子・宮川博恵・藤居由香・大谷由紀子・中村久美著 **住まいのデザイン** 63005-3 C3077　B5判 120頁 本体2300円	住居学，住生活学，住環境学，インテリア計画など住居系学科で扱う範囲を概説。〔内容〕環境／ライフスタイル／地域生活／災害／住まいの形／集合住宅／人間工学／福祉／設計と表現／住生活の管理／安全と健康／快適性／色彩計画／材料
産業技術総合研究所人間福祉医工学研究部門編 **人間計測ハンドブック** （普及版） 20155-0 C3050　B5判 928頁 本体28000円	基本的な人間計測・分析法を体系的に平易に解説するとともに，それらの計測法・分析法が製品や環境の評価・設計においてどのように活用されているか具体的な事例を通しながら解説した実践的なハンドブック。〔内容〕基礎編（形態・動態，生理，心理，行動，タスクパフォーマンスの各計測，実験計画とデータ解析，人間計測データベース）／応用編（形態・動態適合性，疲労・覚醒度・ストレス，使いやすさ・わかりやすさ，快適性，健康・安全性，生活行動レベルの各評価）
皆川　基・藤井富美子・大矢　勝編 **洗剤・洗浄百科事典** （新装版） 25255-2 C3558　B5判 952頁 本体30000円	洗剤・洗浄のすべてを網羅。〔内容〕洗剤概論（洗剤の定義・歴史・種類・成分・配合・製造法・試験法・評価）／洗浄概論（繊維基質の洗浄，非水系洗浄，硬質表面の洗浄）／洗浄機器概論（家庭用洗浄機，業務用洗浄機，超音波洗浄機，乾燥機）／生活と洗浄（衣生活・食生活・住生活における洗浄，人体の洗浄，生活環境における洗浄）／医療・工業・その他の洗浄（医療，高齢者施設，電子工業，原子力発電所，プール，紙・パルプ工業，災害時）／洗剤の安定性と環境／関連法規
牛腸ヒロミ・布施谷節子・佐々井啓・増子富美・平田耕造・石原久代・藤田雅夫・長山芳子編 **被　服　学　事　典** 62015-3 C3577　B5判 504頁 本体18000円	少子高齢社会，国際化が進展する中，被服学について身体と衣服との関係から，生産・流通・消費まで最新の知見を入れながら丁寧に解説。〔内容〕人間の身体と衣服の成り立ち；人体形態，皮膚の構造と機能，人体生理，服装の機能，服装の歴史／生産；被服材料，染色加工，デザイン，被服の設計・製作・構成方法，生産管理／流通；ファッション産業，消費者行動と心理，企業と商品，販売／消費；被服材料の消費性能，衣服の構成と着装・機能と着衣・管理，衣生活と環境／他

上記価格（税別）は2023年12月現在